일본어 유의표현 연구

4

이 저서는 2017년 정부(교육부)의 재원으로 한국연구재단 대학인문역량강화사업(CORE)의 지원을 받아 수행된 저서임

일본어 유의표현 연구

4

손동주
공미희
박미영 지음

목 차

PART I

PART Ⅱ

PART I

1. 명사 어휘 유의표현 분석

表 · 裏 / 前 · 後ろ

◆ **공통점:** 앞뒤, 앞면 뒷면, 앞쪽 뒤쪽

◆ **차이점:**

▸ コインに表裏があるように野球にも<u>(○)表と裏</u>/<u>(×)前と後ろ</u>が
  あります。

  동전에 안면 뒷면이 있는 것처럼 야구에도 초와 말이 있습니다.
  야구 용어로 「表」와 「裏」를 「前」와 「後ろ」로 교체 불가능하다.

裏 · 表

겉, 표면 중에 사람 눈에 보이는 부분 또는 보이지 않는 부분을
나타내는 경우

▸僕はホテルの裏にある空きスペースにレンタカーを止めた。

▸友人が私のせいにしたのも何か裏があるのだと思ったからだ。

▸裏の部屋も表の部屋も窓が下りていて内側からしっかりしまっていた。

▸利用者はカードの表を見て単語を覚え、その裏にある意味を確認する。

前・後ろ

공간적, 시간적, 순서적으로 앞 또는 뒤를 나타내는 경우

▸私が京都へ来て間もない頃だから、もう20年も前のことである。

▸二回に一回は、前の晩に読んでいた本をどこにおいたか思い出せない。

▸僕は返事もしないで運転席の後ろの席に座った。

▸彼女は後ろを向いて、今まで歩いてきた道を指差している。

気分 / 気持ち

◆ **공통점:** 기분

◆ **차이점:**

▸気分が悪い

　컨디션이 나빠서 잠시 쉬고 싶은 정도의 상태

▸ 気持ちが悪い

　병, 과식, 과음 등의 원인으로 기분이 안 좋은 상태

気分

일시적인 기분을 의미한다. 육체적 상태, 건강상태를 나타내는 경우가 많음

▸ 春になると気分もよくなる。

▸ 今は和食を食べたい気分だけど、あなたはどう。

▸ 家にいる時はそうでもなかったが、外に出たとたん急に気分が悪くなった。

気持ち

1) 마음, 심정, 생각, 심리 등 기본적으로 마음의 상태를 나타낸다. 「寂しい」「悲しい」과 같은 심적 형용사와 호응

▸ 想像するだけで、悲しい気持ちになった。

▸ 慣れない化粧をしているせいで、なんとなく気持ち悪い。

▸ 気持ちが沈むのには、人それぞれに原因があるのでしょう。

2) 대인 관계에 있어서 겸손하게 표현하는 경우 「気分」으로 바꿀 수 없음

▸ これはほんの気持ちですが、よろしければお受け取りください。

▸ 新年度は心機一転気持ちを入れ替えて頑張りたいと思っています。

▸ 本日、お礼の気持ちを込めまして、心ばかりの品をお贈りいたしました。

興味 / 関心

◆ **공통점:** 관심, 흥미
◆ **차이점:**
▸興味/関心があること。

관심이 있는 것.

「関心」의 경우는 관련된 사람이나 일에 대한 것을 나타내고,
「興味」는 정말로 마음에 드는 것을 나타낸다.

興味

어느 사항에 대한 특별한 관심 또는 재미있다고 느끼거나, 재미나
취향 등에 대해 관심을 가지는 경우
▸野球の話よりファッションの話の方が興味深い。
▸日本人の多くはその話題に興味がないために、あまりニュー
スにならない。
▸彼女は最近ピアノに興味を持ち始めたらしく、ピアノ教室を
探し始めている。

関心

어느 사항에 마음이 끌리거나 주위를 기울이거나, 중요한 내용을
대해 관심을 가지는 경우
▸彼女は最近ダイエットに関心を寄せるようになった。

‣新しく開発された薬はアレルギーのある人々の<u>関心</u>を集めた。

‣金さんは歴史に<u>関心</u>があり、毎日歴史小説を読んで知識を蓄えている。

具合 / 調子 / 都合

◆ **공통점:** 사람이나 사물의 상태를 나타낸다.

◆ **차이점:**

‣体の(○)<u>具合</u>/(○)<u>調子</u>/(×)<u>都合</u>が悪い。

몸 상태가 좋지 않다.

「都合」는 시간적 상태를 나타내므로 부자연스러운 표현이 된다.

具合

1) 신체, 기계 등의 상태를 나타내는 경우

‣どこか体の<u>具合</u>が悪くなったのかと心配したらしい。

‣受付の際に、お客様のお車の<u>具合</u>をまずお伺いしています。

2) 「具合」는 일부분의 모습. 상태를 나타낸다. 그러므로 기계나 몸의 전체 모습. 상태를 나타내는 「調子」로는 교체 불가하다.

‣車の動き<u>具合</u>を調べる。

‣今日はなんだかパソコンの<u>具合</u>がおかしい。

3) 아픈 사람에게 하는 말로, 건강한 사람에게는 적합하지 않다.

‣ お体の具合はいかがですか。

調子

1) 음의 고저, 기세, 모습 등을 나타내는 경우

‣ どんどん加速し、調子を上げていきたい。

‣ お客の話にはどんなことでもうまく調子を合わせます。

2) 음의 고저, 여러 가지 일이 행해지는 기세, 모습 등을 나타내는
   경우는「具合」「都合」로 교체할 수 없다.

‣ 調子に乗りやすい人は、褒められるとすぐに大喜びをする。

‣ 三味線の達人は歌う人の声の高さに合わせて調子を変えます。

都合

시간적 상태를 나타내는 경우

‣ その日はちょっと都合が悪いので、参加は無理です。

‣ あいにく都合がつきませんので、欠席させていただきます。

‣ 汽車の時間の都合で、私たちはその夜十一時東京駅発の列車
   に乗りました。

今度 / この間 / 先日 / この前

◆ **공통점:** 요전에, 일전에

◆ **차이점:**

▸ (○)今度/(×)この間/(×)この前/(×)先日飲みに行きましょう。

다음에 마시러 갑시다.

「この間」「この前」「先日」는 현재에서 가까운 과거를 나타낸다.

今度

가까운 과거 또는 현재, 미래도 나타내는 경우

▸ 僕は今度の事件にしても、きっと裏に何か大きな秘密がある
と思います。

▸ 1年間頑張ったご褒美に、今度の休日はちょっと贅沢な一日を
過ごしたい。

▸ 今度の旅行もかなり前から計画していたもので、姉はとても
楽しみにしていたのです。

この間

현재에서 가까운 과거의 시점을 나타내는 경우, 얼마 전

▸ この間は、ありがとうございました。

▸ この間ずっと気になっていた同期の小川君のお見舞いに
行ってきた。

▸ <u>この間</u>起きたことをすべて書くなら、何冊ものの本になってしまうだろう。

先日

과거의 어떤 하루를 나타내는 경우, 며칠 전

▸ <u>先日</u>は大変お世話になりありがとうございました。
▸ <u>先日</u>行方不明になった四歳の少女の死体が発見されたというニュースだ。
▸ <u>先日</u>お目にかかるまで、あなたのことを僕は好きでも嫌いでもありませんでした。

この前

현재에서 가까운 시점. 정기적인 사항을 나타내는 경우, 일전에, 바로 전

▸ <u>この前</u>、人生で初めて合コンに誘われて行きました。
▸ あなたが<u>この前</u>お書きになったところを何度もくり返して読みました。
▸ <u>この前</u>の日曜日、朝早くから二人で自転車に乗って出かけましたよ。

手がかり / きっかけ

◆ **공통점:** 문제를 해결하는 증거
◆ **차이점:**

▸ 捜査当局がその動向を把握したことが拘束の(○)手がかり/(×)きっかけになったという。

수사당국이 그 동향을 파악한 것이 구속의 실마리가 되었다고 한다. 수사, 조사 진행의 단서 및 실마리의 의미는 「きっかけ」로 교체 불가능하다.

手がかり

수사. 조사 상에서 나오는 단서, 실마리를 나타내는 경우

▸ 娘は手がかりを求めて、父の故郷を訪ねた。

▸ 彼が犯罪に繋がってるという法医学の手がかりはまだないわ。

▸ 行方不明者5人の手がかりを探すため、ドローンを使った捜索を始めた。

きっかけ

지금 상태에서 변화시키는 시작, 동기를 나타내는 경우

▸ 祖母をがんで亡くしたことが、医者を目指すきっかけだった。

▸ 高校1年生の時に誉められたことが先生を目指すきっかけとなった。

▸ 音楽を始めたのは幼い頃にピアノを習ったことがきっかけである。

先 / 前

◆ **공통점:** 순서를 나타내는 경우로 앞, 전의 의미

◆ **차이점:**

‣ 学校の<u>先</u>に/<u>前</u>にコンビニがあります。

학교 앞에 편의점이 있습니다.

「前」는 학교 정문을 나와서 바로 편의점이 있음을 나타내고,
「先」는 학교 가기 직전에 편의점이 있음을 나타낸다.

先

1) 공간적으로는 나아가는 방향을 나타내며, 시간적으로는 미래
   또는 가까운 과거를 나타내는 경우

‣ <u>先</u>に述べたようなルールを規定する団体は稀である。

‣ 私たちが着くと、<u>先</u>に来ていた鈴木さんが案内してくれました。

2) 「お先にどうぞ」「お先に失礼します」의 경우는 「お前に」로
   교체 불가

‣ お<u>先</u>にどうぞ。

‣ お<u>先</u>に失礼します。

3) 볼펜이나 샤프 등의 뾰족한 부분을 표현할 때는 「前」로 교체
   불가

‣ ペン<u>先</u>の交換方法を教えてください。

‣ 針の<u>先</u>で指などを傷付けないように十分ご注意ください。

1) 공간적으로는 정면 공간의 전체를 나타내며, 시간적으로는 과거를 나타내는 경우

‣朝9時に、わたしはいつものようにお店の入口の<u>前</u>に立っていました。

‣何年か<u>前</u>に来たことがあったが、その時は、よく管理された工場だった。

2) 시간적으로는 과거를 나타내는 경우 「先に」로 교체 불가

‣1年<u>前</u>に日本語の勉強を始めた。

‣引越しの1週間<u>前</u>は、住所変更の手続きや不用品の処分を済ませる期間です。

3) 순서를 나타내는 경우는 「先に」로 교체 가능

‣晩ごはんの<u>前</u>にお風呂に入る。

‣朝、仕事<u>前</u>にオフィスでストレッチをします。

自己 / 自分 / 自身

◆ **공통점:** 자기 또는 자신을 나타내는 말

◆ **차이점:**

‣では、<u>(○)自己/(×)自分/(×)自身</u>紹介いたします。

그럼 자기소개 하겠습니다.

관용적 표현으로 「自分」「自身」으로 교체할 수 없다.

自己

다른 명사와 함께 사용하는 경우가 많음

- この度は経営自己診断システムにお越しくださいましてありがとうございます。
- 自己破産についてです。原則としてすべての借金を支払う義務がなくなります。
- 以下の自己診断表をクリックして、該当するところを全てチェックしてください。

自分

단독 명사로서 사용하며, 「본인/자기 자신」을 나타냄

- 自分でやろうと思っています。
- 自分の人生に絶望を持たないで生きて来た人間は一人もいない。
- 自分と向き合う時間がなく、本当の自分のありたい姿を見失っていませんか。

自身

단독으로 사용하지 않고 「대명사+自身」의 형태로 「스스로」의 의미

- しかし、それができないのを私自身がよく知っている。
- それはあなた自身が解決しなければならない問題ですね。
- 僕は、ただ黙って彼自身の口からどんな言葉が出てくるのか待っていた。

場合 / 際 / 時

◆ **공통점:** 어느 사항을 일어난 시간이나 상황 또는 사정을 나타
낸다.

◆ **차이점:**

▸韓国の<u>(○)場合</u>/<u>(×)際</u>/<u>(×)時</u>は他の国とはちょっと事情が違うか
ら、比べられない。

한국의 경우는 다른 나라와 좀 사정이 달라서 비교할 수 없다.
한국의 상황이나 사정을 나타내는 경우로 이 경우는 「際」「時」
부자연스럽다.

場合

어느 사항이 발생하는 상황이나 사정을 나타내는 경우

▸IDとパスワードを忘れた<u>場合</u>、再設定が必要です。

▸暗証番号のお間違いによりキャッシュカードが使えない<u>場
合</u>のお手続きについてご案内いたします。

▸ウイルス感染の疑いがある、もしくは、感染してしまった
<u>場合</u>は、下記の手順にしたがって対処をお願いいたします。

際

어느 특별한 상황의 시점을 나타내며, 순간적인 시점은 나타내지
않는 경우, 「時」의 정중한 표현으로 「~して下さい」와 주로 호응함

▸電車を降りの<u>際</u>は足下に注意して下さい。

▸はじめてお使いになる<u>際</u>に、ご参照ください。

▸クーポンをご利用のお客様は、受付の<u>際</u>にお渡し下さい。

時

1) 어떤 사항이 일어나는 또는 일어났던 시점을 나타내는 경우

▸のんびりと静かな<u>時</u>をお過ごし下さい。

▸通りを横断する<u>時</u>にはいくら注意してもしすぎることはありません。

▸今回は賃貸を解約する<u>時</u>の手続きや流れについて、損をしないために知っておいてほしいポイントをご紹介します。

2) 문말이 과거 완료로 끝나는 경우

▸若い<u>時</u>には見えなかった。

▸芝居や小説はずいぶん小さい<u>時</u>から見てきました。

反対 / 逆

◆ **공통점:** 반대

◆ **차이점:**

▸この案に<u>(○)反対 /(×)逆</u>の人はいますか。

　이 안에 반대하는 사람은 없습니까?

　의견의 찬성 또는 반대의 두 가지가 대등하다는 의미를 나타내는 경우는 「逆」는 교체할 수 없다.

反対

비교하는 두 가지가 대등한 의미를 나타내는 경우

‣ 鏡の中では<u>左右</u>が<u>反対</u>になって見える。

‣ バランスをとるために、<u>反対</u>側にかたむけます。

‣ 上下は<u>反対</u>にならないのに，左右だけが<u>反対</u>になるのはなぜ
なのでしょうか。

逆

하나를 기준으로 하여 다른 하나가 반대로 있다는 의미를 나타내
는 경우

‣ 私の頭の中で、ゆっくりと時計の針が<u>逆</u>回転をはじめた。

‣ <u>逆</u>三角形の顔の中で大きな瞳が輝いていた。

‣ <u>逆</u>に言えば好きなものに圧倒されて自分が嫌いになってい
たのでしょう。

※ 「逆」와 「反対」를 교체 가능한 경우

‣ 間違えて<u>逆/反対</u>方向の電車に乗ってしまったことがある。

秘密 / 内緒

◆ 공통점: 비밀

◆ 차이점:

‣ 日本で行われている<u>選挙方式は(○)秘密/(×)内緒</u>選挙です。

　일본에서 행해지는 선거방식은 비밀선거입니다.

「秘密投票」등과 같이 복합명사인 경우에는 「内緒」로 교체 할 수 없다.

秘密

한 사람 또는 복수의 사람으로 지정하지 않는다. 알리고 싶지 않는 일을 비밀로 하는 경우 또한 사적인 사항뿐만 아니라 공적인 사항에도 쓰임

▶私は彼女にその件は秘密にしておくといったんです。

▶私がいいたいのは、秘密が漏れてるってことですよ。

▶今のところ秘密にすることもなく、しっかりと情報公開しております。

内緒

특정의 사람에게 비밀로 하거나 나쁜 일을 비밀로 하는 경우 또한 개인적인 행위, 같은 무리끼리의 약속의 색채가 강하고, 대부분 개별적인 사항에 쓰임

▶最近夫に内緒で借金を重ねる主婦が増えているようです。

▶私は内緒でそれを君に話したのに、なぜ渡辺さんに話したんだ。

▶内緒の話だが僕は近々仕事を辞める予定だ。

※개인적인 행위인 경우 「内緒」와 「秘密」는 교체 가능

▶夫に内緒/秘密でこっそり借金をしていた人もいるようです。

用意 / 準備 / 支度

◆ **공통점:** 어떤 일을 할 때 사전에 준비한다는 의미

◆ **차이점:**

▸傘の(○)用意/(×)準備/(×)支度をして家を出る。

우산 준비를 하고 집을 나가다.

만일을 위해 필요한 준비를 나타내는 경우는 「準備」 「支度」로
교체할 수 없다.

用意

상대를 배려하고 일이 잘 되도록 준비하는 경우 또는 만일을 위해
필요한 준비를 나타내는 경우는 「用意」만 가능

▸もう食事の用意ができていますか。

▸友達の誕生日プレゼントを用意する。

▸雨の多いときだから、いつでも雨具の用意をしなくちゃいけ
ない。

準備

어떤 목적을 위하여 장기간에 걸쳐 사전에 준비하는 경우로 「受
験の準備」 「論文の準備」 「会議の準備」 등과 같이 준비 시간이 걸
리는 경우는 「準備」만 가능

▸着々と準備を進めています。

▸今、外出する<u>準備</u>をしているところだから、少し待ってね。

▸早い時期から円滑に高齢化社会に対応するための<u>準備</u>が求められている。

支度

식사나 복장 등 의식주와 관련된 경우

▸朝ごはんの<u>支度</u>をする。

▸自分で夕食の<u>支度</u>をしなきゃならない。

▸忙しい朝の時間、<u>支度</u>が遅い子にイライラしていませんか。

2. 동사 어휘 유의표현 분석

あがる / のぼる

◆ **공통점:** 오르다

◆ **차이점:**

▸ 物価が(○)あがる/(×)のぼると生活が苦しくなるのではないか。

물가가 오르면 생활이 힘들어지는 것은 아닌가.

「温度」「株」「給料」「成績」등이 오르는 경우「あがる」만 가능하며, 「のぼる」는 부자연스러운 문이 된다.

あがる

결과의 상태로 위로 이동하거나 완료 등을 나타냄

▸ なかなか営業成績があがりません。

▸ 玄関の正面左側には二階へあがる階段があった。

▸ ぼく、うえへあがってみるよ。心配ないよ、気をつけて上るから。

のぼる

과정을 나타내며, 스스로 움직이지만 연속적으로 위로 이동하는 것을 나타냄

▸ そのとき太陽がのぼるところだった。

▸流れる川に沿った道を<u>のぼって</u>行ったところです。

▸オーストラリアやニュージーランドでは月は東から<u>のぼっ</u><u>て</u>北の空を通って西に沈みます。

あふれる / こぼれる

◆ **공통점:** 넘치다

◆ **차이점:**

▸涙が(○)<u>あふれる</u>/(○)<u>こぼれる</u>。

눈물이 넘치다.

「**あふれる**」는 희노애락의 감정을 터뜨려 흘려 넘칠 만큼 많은 눈물이 흐르는 경우에 쓰이고, 「**こぼれる**」는 자신의 평정심을 지키고 약한 모습을 보여주지 않으려고 하는데 뜻하지 않게 눈물이 흐르는 경우에 쓰인다.

あふれる

일정한 장소에서 가득차서 흘러넘친다는 의미를 나타내는 경우

▸生徒が通いたくなる、笑顔が<u>あふれる</u>教室になるように努める。

▸家には何千冊という本やレコードや美術作品が<u>あふれて</u>いました。

▸川が<u>あふれる</u>恐れがあるときには、指示にしたがってすみやかに避難してください。

가득차지는 않았지만 흔들리거나 넘어져서 흘러넘친다는 의미를
나타내는 경우

▸ エンジンオイル交換の時、オイルが<u>こぼれ</u>ました。

▸ ごみが<u>こぼれ</u>ない様に袋の入口は縛って出して下さい。

▸ 泣きそうなとき、涙が<u>こぼれ</u>ないようにするには、舌の先
を前歯で嚙んでください。

余る / 残る

◆ **공통점:** 남다

◆ **차이점:**

▸ 9を4で割ると1が<u>余り</u>/<u>残り</u>ます。

9를 4로 나누면 1이 남습니다.

「余る」의 경우는 9를 4로 나누면 1이 남는다는 의미이고, 「残る」
의 경우는 9를 4로 나누고 나서 남는 것이 1이라는 의미이다.

余る

필요한 양이나 능력의 범위를 상회한다는 뜻으로 초과한 부분이
남는다는 의미이다. 어떤 기준점을 벗어나 초과한 상태를 나타냄

▸ 日本では米が、ヨーロッパではワインが<u>余っている</u>。

▸ 金さんはお金を有り<u>余る</u>ほど持っている。

▸ 薬が<u>余る</u>のは当たり前で、多くの医者は薬を少し<u>余る</u>ように
処方します。

残る

1) 어떤 행위·작용이 끝난 후에도 없어지지 않고 남아있다는 의미

  전체에서 일부를 빼고 남아 있은 상태를 나타냄

▶彼には兄が3人あり、2人は公務員で残る1人は医者です。

▶このビビンバは昨日の残り物で作ったんだ。なかなかおい

  しいでしょ。

2) 어느 장소에 머문다는 의미를 나타내는 경우「余る」로 교체 불가

▶転職するべきか、今の会社に残るべきか悩んでいます。

▶私は跡取りとして実家に残るよう両親から言われています。

言う / 話す

◆ **공통점:** 말하다

◆ **차이점:**

▶文句なんて(○)言って/(×)話してる場合じゃない。

  불평 따위 할 때가 아니다.

  「文句を言う」는 관용적 표현이고, 불평은 일방적인 전달이므로

  「話す」로 교체할 수 없다.

言う

말을 할 때 상대가 없어도 되며, 만약 상대가 있는 경우는 서로

대화를 하는 것이 아니라 일방적인 전달하는 경우

- 誰かの文句を言えば言うほど、自分自身の価値を落とすことになる。
- 僕は息子が国立大学を落ちた時、当然、「浪人したらどうだ」と言った。
- 子育てをしていると子どもがなかなか言うことを聞かずに苦労することがありますよね。

話す

회화 전체 또는 정리가 된 긴 문장을 상대를 의식하면 음성으로 전달하는 경우

- 私は学校では日本語で話します。
- 聞いてもいないのに自分の学歴や年収を話す人がいます。
- コーヒーを飲みながら、友人たちとテレビ番組について話した。

※ 「話し合う」를 「言い合う」으로 교체 불가
- その計画について長時間話し合った。
- 子育てや仕事に追われるのでなく、どうしたらいいかを話し合い、一緒に楽しむ。

失う / 無くす / 落とす

◆ **공통점:** 잃어버리다

◆ **차이점:**

▸ 人生の中で健康がすべてではないが健康を(○)失う/(×)無くす/
(×)落とすと人生のすべてを(○)失う/(×)無くす/(×)落とす。

인생 중에서 건강이 전부는 아니지만 건강을 잃으면 인생 전부
를 잃는다.

추상적인 것을 잃어버리는 경우는 「無くす」 「落とす」로 교체
할 수 없다.

失う

주로 지갑, 지위, 권력, 기억 등 추상적인 것을 잃어버린 경우에
쓰이며, 구체적인 것을 잃어버린 경우는 재산이나 집 같은 것을
잃어버린다는 의미

▸ 財産を失うことは命を失うことに等しいと思います。

▸ トイレに行ったら急に気持ち悪くなり、気を失いました。

▸ 記憶を失うということは、頭の中で空白が広がっていく感じ
なのでしょうか。

無くす

구체적인 물건을 잃어버리거나, 어디서 잃어버렸는지 알 수 없는 경우, 또한 자기 집에 있던 물건이 없어진 경우

‣ スマホをうっかりどこかで<u>無くした</u>。

‣ ムダな動きを<u>無くす</u>工夫をすれば、家事のストレスがぐっと減りますよ。

‣ 財布を<u>無くし</u>たら、すぐにカードの利用差し止めを会社に連絡しなければならない。

落とす

이동하다가 떨어뜨린 경우

‣ 今日、クレジットカードを<u>落し</u>てしまいました。どこで<u>落とし</u>たんだろう。

‣ 財布を<u>落とし</u>た時はパニックになってしまうが、落ち着いて対処していきましょう。

‣ エレベーターのドア付近には小さな隙間が空いているのですが、この隙間に物を<u>落とす</u>人が多いようです。

打つ / 叩く / 殴る

◆ **공통점:** 치다, 때리다

◆ **차이점:**

‣ 太鼓好きが集まって太鼓を(○)打つ/(○)叩く/(×)殴る。

북을 좋아해서 모여 북을 치다.

「打つ」「叩く」는 손이나 도구로 치거나 때리는 경우이므로 자연스러운 문이 되지만, 「殴る」는 사람이 사람이나 동물을 때리는 경우에 쓰이므로 부자연스러운 문이 된다.

打つ

손이나 도구로 치거나 때리는 경우로 강하게 친 결과, 변화를 가지고 오는 경우 또는 「相づちを打つ」와 같은 관용어로 쓰임

‣ 小さな釘を打つ時は割りばしがあると便利です。

‣ 相槌を打つだけで、どんどん話が進んでいきます。

‣ 勝負では. その打つタイミングと目的が非常に重要になります。

叩く

손이나 도구로 치거나 때리는 경우로 한 번 또는 여러 번 연속적으로 때리는 경우

‣ 相手に叩かれないように叩く。

‣ 犬のしつけでは、叩くのは良くないとされている。

▸ アンケート調査によると自分の子を<u>叩いた</u>経験があると答えた人が64.9％だった。

殴る

사람이 사람, 동물 등을 때리는 경우

▸ 顔のかたちが変わるほど<u>殴る</u>。

▸ 彼はあざができるほど<u>殴られた</u>。

▸ 彼は、1日一度は必ず猫を<u>殴ります</u>。

思う / 考える

◆ **공통점:** 생각하다

◆ **차이점:**

▸ 予算があるならもう少し高いのを購入したほうがいいと<u>(○)思う/(×)考える</u>。

　예산이 있으면 좀 더 비싼 것을 구입하는 편이 좋다고 생각한다. 「~たほうがいい」는 주관적 생각이므로 「**考える**」로 교체할 수 없다.

思う

상상, 결의, 걱정, 희망 등 주관적, 감정적인 마음으로 생각함을 나타냄

‣ お酒が美味しいと<u>思う</u>ようになったら、風邪は治ったようなもんよ。

‣ 言葉で説明しても分かりづらいと<u>思う</u>ので、絵を描きながら説明します。

‣ 本当に息が止まってしまうのではないかと<u>思った</u>時、私の名前が呼ばれた。

考える

객관적으로 판단하여 생각함을 나타냄

‣ 彼女はそれほど、自分以外の存在を<u>考える</u>ことを恐れていた。

‣ 一つの価値観だけで成功と失敗を<u>考える</u>のは間違いなのです。

‣ 僕達は不安があったり、恐れがあると、ついつい<u>考え込</u>んでしまいます。

起きる / 起こる

◆ **공통점:** 일어나다

◆ **차이점:**

▸ 毎朝4時に(○)起きて/(×)起って、明け方散歩に出るのを日課
にしています。

　매일 4시에 일어나서, 새벽 산책 나가는 것을 일과로 하고 있습
니다.

　「起きる」는「아침에 일어나다」는 의미로 쓰이지만,「起こる」
는「아침에 일어나다」의 의미가 없다.

起きる

「기상하다」「눈을 뜨다」의 의미

▸ お子さんはまだ起きているのですか。

▸ 今朝は5時半に起きられたので、ジョギングしました。

▸ 朝起きたらまずカーテンを開けて、朝の光を部屋に入れよ
う。

起こる

1) 예측 불가능한 일이 일어나는 경우는 주로「起こる」로 쓰임

▸ いつ地震が起こるかは誰にもわからない。

▸ 火事が起こったら、まず通報、初期消火、避難が原則です。

2) 갑작스럽게 심리적 변화가 일어나는 경우는 「起こる」이다. 단,
   심리적 변화가 천천히 일어나거나, 일어나지 않는 경우 「起き
   る」도 가능

‣ 悪いことばかり起こるから悲観的になりました。

‣ 人間は死に直面すると、どのような心の変化が起きるのでしょ
   うか。

※ 「問題」「事件」「頭痛」등은 「起きる」「起こる」 둘 다 가능

‣ うつ病が原因で頭痛が起きているケースもあるそうです。

‣ まさかこんな悲惨な事件が起こるとは夢にも思いませんで
   した。

行う / 催す

◆ **공통점:** 행하다. 개최하다.

◆ **차이점:**

‣ 季節の行事を(○)行う/(○)催すことで、季節感を感じることがで
   きる。

　계절 행사를 개최하는 것으로 계절감을 느낄 수 있다.

　「行う」「催す」 둘 다 가능하지만 「行う」는 다소 딱딱한 느낌으
   로 일상생활에서는 주로 「催す」를 쓴다.

行う

「改革」「規制」「検査」等과 같은 다소 딱딱한 느낌인 경우

▸行政関係者と議員が参加して活発な意見交換が行われました。

▸導入拡大を更に強力に推進するための制度改革を行う必要が
　ある。

▸防火設備について専門的な知識を有する者が検査を行う仕組
　みが導入されました。

催す

행사 등을 개최하다는 의미이다. 일상생활 또는 신체적 현상「便
意」「吐き気」등을 나타내는 경우도 있음

▸ストレスを感じると吐き気を催すことがあります。

▸その年の苦労を忘れるために、年末に宴会を催す。

▸高齢者が様々なスポーツを気軽に体験していただけるイベ
　ントを催します。

※ **어떤 행사, 의식을 계획, 순서, 관습 등에 따라 행하는 경우는
　둘 다 가능**

▸スタッフも選手もみんな楽しくボランティア活動を行いま
　した。

▸披露宴とは、親戚や知人、友人に結婚を発表するために催す
　宴会のことです。

遅れる / 遅い

◆ **공통점**: 늦다

◆ **차이점**:

‣ 朝寝坊して会社に(○)遅れた/(×)遅かった。

늦잠을 자 회사에 늦었다.

「遅れる」는 동사로 어떤 일이나 사람이 늦어지다는 의미로 쓰이지만, 「遅い」는 형용사로 어떤 동작을 하는 것이 느리다는 의미이다. 그러므로 「遅い」는 부자연스럽다.

遅れる

어떤 일이나 사람이 예정 시간보다 지나서 늦어지다는 의미

‣ いつもより30分遅れて会社に着きました。

‣ 関東地方の梅雨明けは平年だと7月21日頃ですが、今年は遅れる見通しです。

‣ 医療の進歩で救われる命が増えた一方で、同じ年に生まれた子どもより成長や発達が遅れる子もいる。

遅い

표준, 기준이 되는 시간 또는 속도가 늦어짐을 나타냄

‣ 法定速度より遅く走ってはダメです。

‣ 梅雨入りが遅いと梅雨明けも遅いのでしょうか。

‣ 渋滞のせいで、今の車のスピードは人が走るよりも遅いですよ。

驚く / びっくりする

◆ **공통점:** 놀라다

◆ **차이점:**

‣ あなたが漢字を書くなんて、<u>(○)驚きました</u>/<u>(○)びっくりしました</u>。

당신이 한자를 읽을 수 있다니 깜짝 놀랐습니다.

「驚く」「びっくりする」 둘 다 가능하다. 그러나 「驚く」의외성을 나타내지만, 「びっくりする」의 경우는 순간의 의외성만을 나타낸다.

驚く

비교적 객관적인 일 또는 생각지 못한 일이 발생하여 놀라서 마음의 평정심을 잃은 상태인 경우

‣ おれは友達の話を聞いて非常に驚いた。

‣ 初めて注文しましたが、迅速でとても丁寧な対応に驚きました。

‣ 発表された自動運転の車は、アクセルもブレーキもハンドル操作も自動だなんて驚いた。

びっくりする

주관적 감각을 나타내는 경우 비상식적인 일이 발생하여 놀라는 경우

- ▸朝からどしゃ降りの雨にびっくりしました。
- ▸先日は突然の大雪にびっくりしましたね。
- ▸こんなに結果が残せると思っていなかったので自分自身も
  びっくりしている。

※ 의외성을 나타내는 경우 「驚く」이며, 「びっくりする」인 경우
  는 순간의 의외성을 나타냄

- ▸長崎皿うどんのボリュームに驚いた。
- ▸焼くだけでこんなにおいしくなるなんてびっくりしました。

降りる / くだる / 下がる

◆ **공통점:** 내리다
◆ **차이점:**

- ▸途中で運賃は変わりますので(○)降りる/(×)くだる/(×)下がる
  バス停でご確認下さい。

  도중에 운임이 바뀌니까 내리는 버스 정류장에서 확인하세요.교
  통수단에서 내리는 경우 「くだる」「下がる」로 교체할 수 없다.

降りる

사람이나 물건이 높은 곳에서 낮은 곳으로 내려 오다는 의미이다. 교통수단에서 내리는 경우에 사용되며, 도착점에 초점이 있음

▶ 暑すぎて車から降りられない。

▶ 山頂まで来て、お弁当を食べてすぐ降りるのはもったいない。

▶ 飛行機から早く降りたいなら前方の通路側の座席を取りましょう。

くだる

산이나 강 등 높은 곳에서 낮은 곳으로 이동함을 의미한다. 기점에 초점이 있음

▶ 地下にくだる道を見つける。

▶ ここから川をくだって海に出ることができる。

▶ 登り坂があるかと思えば、くだり坂があった。

下がる

「成績が下がる」「一歩後ろへ下がる」等 위치가 이동하거나, 물러남을 의미한다. 경로에 초점이 있음

▶ 一歩下がって前向きに素直になって考える習慣が必要です。

▶ 雪の日よりも晴れた日のほうが、気温が下がって寒くなってしまいます。

▶ スマホや携帯を長時間使用すると、いくら勉強していても成績が下がる。

終わる / 終える

◆ **공통점:** 끝나다, 끝내다, 종료하다
◆ **차이점:**

▸宿題が(○)終わって/(×)終えてテレビを見た。

숙제가 끝나서 텔레비전을 봤다. / 숙제를 끝내고 텔레비전을 봤다.
「終わる」는 숙제를 다 끝냄, 완료를 의미하지만 「終える」는 일
단 숙제를 마무리 짓다라는 의미가 된다.

終わる

하고 있던 일이 완료됨을 나타냄

▸時間通りに仕事が終わる。

▸夏も、やがて終わりに近づいて、秋になろうとしていたこ
ろであります。

▸今回の事件は始めから終わりまでお前さんの力で解決したよ
うなもんだ。

終える

주체적인 의지로 일을 「끝까지 마무리를 짓다/끝내다」의 의미

▸目立たない平凡な人として一生を終えた方が幸福ってもんじゃ
ないか。

▸やっとその仕事を終えたときには、わずかながらほっとす
るものを感じた。

▸商品としての命を終えた本は、自分が書いたものでも、もう
手に入らない。

帰る / 戻る

◆ **공통점:** 돌아가다, 돌아오다

◆ **차이점:**

▸夏休みに国に(○)帰る/(○)戻る。

여름 방학에 고향에 돌아간다.

문법적으로「帰る」「戻る」둘 다 쓰인다. 그러나「帰る」는 여름방학이 되어 양친이 계신 집에 가서 푹 쉬는 뉘앙스이자만,「戻る」는 특별한 용무가 있어서 집에 돌아간다는 뉘앙스이다.

帰る

원래 있던 장소로 돌아간다는 의미로「家に帰る」「巣に帰る」등 자신의 본거지로 돌아감을 나타내는 경우

▸旅行から帰ったら連絡下さい。

▸アリの場合、匂いを手がかりに巣に帰ると言われています。

▸お客さんが帰ったと思って片付けたらトイレに行ってるだけでした。

戻る

사람이나 물건 등이 원래 있던 장소로 거꾸로 되돌아감을 나타내는 경우

▸午後外回りに出かけ、先ほど事務所に戻りました。

‣確定申告をすると払い過ぎた税金が<u>戻って</u>くることがあるん
　です。

‣<u>戻る</u>ボタンをクリックしても前ページに<u>戻れ</u>ない現象がた
　びたび発生しています。

稼ぐ / 儲ける

◆ **공통점:** 돈을 벌다

◆ **차이점:**

‣1年<u>働</u>いて300万円<u>稼</u>いだ。

　1년 일해서 300만엔 벌었다.

　「稼ぐ」는 직장이 고생하여 벌었다는 의미이다.

稼ぐ

돈을 벌기 위하여 열심히 노력하는 경우

‣せっせと<u>働</u>いてお金を<u>稼ぎましょう</u>。

‣月収100万円<u>稼ぐ</u>ことができたら、どんな生活ができるでしょ
　うか。

‣お金を<u>稼げる</u>仕事と、やりたい仕事、どっちに就くべきなの
　でしょうか。

儲る

일을 하거나 투자를 하여 금전적으로 이익을 얻는 경우

▶ 今日は、株で毎月 5 万円ずつ<u>儲け</u>を出す方法をご紹介します。

▶ しかし、ギャンブルで確実に<u>儲け</u>ていくのは、続腘的に不可能なのだ。

▶ 金は<u>儲け</u>たが、まわりのすべての人たちの尊敬を失った。

飾る / 装う

◆ **공통점:** 장식하다. 치장하다

◆ **차이점:**

▶ 部屋のインテリアと調和するように写真を(○)<u>飾り</u>ました/(×)<u>装い</u>ました。

방 인테리어와 어울리도록 사진을 장식했습니다.

「**飾る**」는 일부분을 장식하다는 의미로 쓰이지만, 「**装う**」는 전체를 꾸민다는 의미이므로 부자연스러운 문이 된다.

飾る

남에게 보여주거나, 자기 자신의 일부를 장식하여 예쁘게 한다는 의미로 「**部屋に花を飾る**」와 같이 플러스 이미지도 있고, 「**文章を飾る**」와 같이 마이너스적 이미지도 있음

▶ 年末になるとお正月の準備として門松や鏡餅を<u>飾り</u>ます。

▶ 猫がケーキのまわりに<u>飾っ</u>ておいた果物まで一つ残らず食

べてしまった。

▸ 言葉を<u>飾る</u>ことによって、本当に伝えたい意味が伝わりづらくなってしまいます。

装う

자기 자신의 전체 모양을 꾸민다는 의미로 옷차림새, 건물, 자연의 모습 등을 나타내는 경우

▸ カーテンは窓辺を美しく<u>装う</u>装飾品です。

▸ 外見を美しく<u>装う</u>のは自分のためだけではありません。

▸ まだ暑さは残っているものの、そろそろ秋の<u>装い</u>も意識したい。

我慢する / 耐える

◆ **공통점:** 참다, 견디다

◆ **차이점:**

▸ 本当は泣きたいにもかかわらず、涙を(○)<u>我慢する</u>/(×)<u>耐える</u>。

정말로 울고 싶은데도 불구하고 눈물을 참는다.

나오려는 눈물을 참으려고 감정을 억누르는 경우 「耐える」는 부자연스럽다.

순간적인 욕망이나 욕구 또는 감정을 억누른다는 의미를 나타내
는 경우

‣ ダイエット中なので食べるのを<u>我慢</u>しました。
‣ やりたいことを<u>我慢</u>して、やりたくないことをする。
‣ 痛い時は痛いと言っていい。痛みを<u>我慢する</u>必要なんてない。

耐える

1) 어떤 물건, 사람이 외부로부터 강한 자극, 압박에 견딘다는 의미
‣ 友人が多いほど、痛みに<u>耐える</u>力が強い傾向があるという。
‣ 人間である以上、悲しさに<u>耐え</u>かねて、いろいろな理由で泣
きたくなることもある。

2) 내구성 또는 오래 사용할 수 있다는 의미를 나타내는 경우
‣ このコップは、高温での使用に<u>耐える</u>。
‣ この建物は震度7の大地震にも<u>耐えられます</u>。

乾かす / 干す

◆ **공통점:** 말리다, 건조하다
◆ **차이점:**
‣ 今回は、濡れた衣類を急いで<u>(○)乾かす</u>/(×)干す方法です。
이번에는 젖은 의류를 급하게 말리는 방법입니다.
「干す」의 볕이 드는 장소에서 말린다는 의미이다.

乾かす

여러 가지 방법으로 건조하는 경우. 「말리다」

- ▶髪が長いと、洗った時に乾かすのが大変ですね。
- ▶容器はきれいに洗って乾かしてから回収BOXへの投入を
  お願いいたします。
- ▶髪はタオルをかぶって乾かすだけで、乾かす時間を約半分に
  縮められるそうです。

干す

볕이 드는 장소, 바람이 통하는 장소에서 오랜 시간동안 건조하는
경우. 「널다」

- ▶干したての布団はふかふかで気持ちいいのです。
- ▶ちゃんと形を整えておいて、日陰の風通しのいい所に干すん
  だよ 。
- ▶私は今まで月に一度は良い天気の日に外でふとんを干してい
  ます。

切る / 断つ

◆ 공통점: 자르다, 끊다
◆ 차이점:

‣ 私はあの男とはすっかり縁を(○)切った/(×)断った。

나는 저 남자와 완전히 연을 끊었다.

「断つ」는 인연을 끊는다는 의미로 쓰이지 않으므로 부자연스러운 문이 된다.

切る

칼 같은 것으로 물건을 자르거나, 인연 또는 전화를 끊거나, 수분을 빼는 경우

‣ かけた電話を先に切るのは失礼に値します。
‣ 水気を切ることで、ゴミの量を約10%減らせます。
‣ 調理科の高校で、包丁の使い方を見るために大根を切るテストがあるそうです。

断つ

「連絡」「タバコ」「砂糖」「命」등을 끊고 나서 완전히 소멸해 버리는 경우를 나타냄

‣ 睡眠薬を断ちたいです。
‣ 最近、砂糖断ちを始める人が増えているようです。
‣ ネットで知り合った人との連絡を断ちたいんです。

暮らす / 生きる / 住む

◆ **공통점:** 살다

◆ **차이점:**

‣ なにげなく日々を(○)暮らして/(×)生きて/(×)住んでいる。

아무렇지도 않은 듯 하루하루를 살고 있다.

나날을 보내다는 의미인 경우는 「生きる」「住む」로 교체할 수 없다.

暮らす

생활하다, 나날을 보내다는 의미

‣ お隣に暮らすおじいさんが亡くなっていたようです。

‣ 人間が暮らすにふさわしい社会をみんなで一緒につくっていけばいい。

‣ 兄弟がいないので、父と母の3人で暮らすには、十分すぎる面積だった。

生きる

생명을 유지하며 산다는 의미로 주로 경제활동을 나타냄

‣ 彼はやっと自分の生きる道をみつけ出した。

‣ 地球と一緒に、太陽と一緒に、いつまでも生きて行くだろう。

‣ 人間には生きる権利があると同様に、死ぬ権利もあるはずです。

특정한 주거지, 어떤 장소에서 생활한다는 의미

‣ このあたりは外国人が多く<u>住ん</u>でいるらしい。

‣ いくつかの教育機関があり、学生が多く<u>住む</u>街です。

‣ 実家から歩いて15分ほどのところに<u>住ん</u>でいるのだ。

加える ／ 足す

◆ **공통점:** 더하다

◆ **차이점:**

‣ カレーに蜂蜜を<u>(○)加え</u>/<u>(×)足し</u>たら美味しくなります。

카레에 꿀을 더하면 맛있게 됩니다.

「足す」는 같은 종류끼리 더하는 의미에만 쓰이므로 부자연스러운 문이 된다.

加える

같은 종류, 또는 다른 종류의 수량, 양, 정도를 늘리는 것을 나타냄

‣ ラー油を<u>加える</u>と汗が出るくらい辛くなる。

‣ 入学案内の冊子に大学院の入学情報を<u>加えました</u>。

‣ レモン汁を牛乳に<u>加える</u>とカルシウムの吸収率が1.5倍に高まる。

足す

같은 종류끼리 합쳐 부족한 부분을 보충하거나 채워 전체를 증가
시키는 경우

‣ 奇数と偶数を足すと奇数になります。

‣ もらったお金では足りなかったので私が足しておきました。

‣ 少し料金を足すだけで広いお部屋に宿泊できて満足しました。

壊す / 潰す / 崩す

◆ **공통점:** 부수다

◆ **차이점:**

‣ 体を(○)壊す/(×)潰す/(×)崩す。

몸을 부수다.

「体を潰す」는 몸을 으깨다의 뜻이 되고 「体を崩す」는 몸을 찌
부러트리다의 의미이므로, 부자연스러운 문이 된다.

壊す

원래의 기능이나 상태를 파손되거나 부주의 또는 불필요하게 되
어 부순다는 의미로 수리가 가능한 경우

‣ 私の不注意で姉のパソコンを壊しました。

‣ 一度壊した体と心は簡単には元に戻らない。

‣ 窓を開けるには、鍵を壊すか、窓ガラスを全部割って侵入す
るしかない。

潰す

인간의 부주의 또는 불필요하게 되어 부순다는 의미로 수리가 불
가능하고 가치가 없게 되는 경우, 시간을 낭비하는 경우에 사용

- 飛行機の時間まであと1時間あったので、空港内で時間を潰
  した。
- 会社を潰すように行動する経営者って意外に真面目な人に多いん
  です。
- トイレに小さな虫がいて、新聞紙で潰そうとしましたがな
  かなか死にません。

崩す

형태가 변형되지만 가치는 바뀌지 않는 경우

- 労働時間が長すぎて体調を崩しました。
- 100ドル札を崩す場合は、銀行で崩してもらうことをお勧めし
  ます。
- 普段からストレスを感じやすい人は、体調を崩すことが多い
  でしょう。

探す / 見つける

◆ **공통점**: 찾다

◆ **차이점**:

‣ずっと(○)探して/(×)見つけてた化粧品をやっと(○)見つけた /(×)探したので買っちゃいました。

쭉 찾고 있었던 화장품을 겨우 발견해서 사버렸습니다.

「探す」와「見つける」는 서로 다른 의미이므로 교체할 수 없다. 갖고 싶어서 찾으려고 한 경우는「探す」, 발견한 경우는「見つける」이다.

探す

필요하거나 원하는 것을 찾으려고 노력하는 경우「探す」이고, 「犯人」「落し物」등을 없어진 것을 찾는 경우는「捜す」로 나타냄

‣海外で行方不明となってしまった人を捜す方法があるでしょうか。

‣全国にあるランチにお勧めのお店を、エリアから探すことができます。

‣今までよりもご希望の商品を探しやすくなっているので是非ご覧ください。

구체적인 물건이 어디에 있는지, 예측 가능한 장소에서 찾으려고
노력하여 결국 찾아내는 경우.「발견하다」

- 本当の自分の居場所を<u>見つけた</u>。
- 自分の強みや長所を<u>見つける</u>のは難しいことかもしれません。
- このような商品を<u>見つけた</u>ので購入し、色々と試してみました。

触る / 触れる

◆ **공통점:** 만지다

◆ **차이점:**

- 私は生きたタコを<u>(○)触りました</u>/<u>(×)触れました</u>。

  나는 살아있는 문어를 만졌습니다.

  「触れる」는 사람이 의도를 가지고 만지는 경우는 쓸 수 없으<u>므</u>로 부자연스러운 문이 된다.

触る

사람이 의도를 가지고 만지는 경우

- 娘の額に<u>触る</u>と熱があった。
- 目で見て、手で<u>触って</u>確かめないうちは、実感できない。
- 旦那が手を洗わないで生後2ヶ月の赤ちゃんの手や顔を<u>触りました</u>。

사람이나 바람 같은 것이 우연히, 순간적으로 접촉하는 경우

▶ 肌に触れる風がだんだんと冷たくなりました。

▶ 父の介護を通して人の温かさに触れました。

▶ 乾燥した外気に触れる機会が多い冬は、肌が乾燥しやすい。

知る / 分かる

◆ **공통점**: 안다

◆ **차이점**:

▶ その内容をもう少し詳しく(○)知り/(×)分かりたいと思います。

그 내용을 좀 더 자세히 알고 싶다고 생각합니다.

「知りたい」는 새로운 정보를 알고 싶다는 의미이므로 희망
표현은 「分かる」로 교체할 수 없다.

知る

1) 새로운 지식을 획득하고, 경험 등으로 안다는 의미이다. 정보.
   경험. 학습을 통해 새로운 지식, 가치를 자신의 것으로 한다는
   것을 나타냄

▶ 日本においては、京都に設置されたものが特に知られている。

▶ なぜ、あの列車を動かせないのか、その理由を知りたかった
のだ。

2) 가능, 수동, 희망 표현은「分かる」로 교체 불가

▸海外の人にも<u>知られている</u>芸能人ってすごいよね。

▸世界中の宅配業者の配達状況を<u>知ることができる</u>。

▸福祉について<u>知りたい</u>こと、気になっていることをシェアしよう。

分かる

이해, 파악하여 스스로 안다는 의미이다. 마음에 있는 뭔가의 실태, 실정이 어떤 방법을 통해서 분명히 되는 것을 나타냄

▸議事録を読んでいただければ<u>わかります</u>。

▸世の中「話せば<u>分かる</u>」ことばかりではありません。

▸普通は出入りできない場所であるということが一目で<u>分かった</u>。

過ごす / 暮らす

◆ **공통점:** 지내다. 보내다

◆ **차이점:**

▸「毎日1時間だけでも楽しく(○)<u>過ごし</u>/(×)<u>暮らし</u>たい」と多くの人が願っています。

「매일 즐겁게 보내고 싶다」고 많은 사람이 원하고 있습니다.

「짧은 시간을 보내다」는 의미인 경우「**暮らす**」로 교체할 수 없다.

過ごす

「시간을 보내다」 「나이를 먹다」는 의미를 나타냄

▶自分が気付かないうちに、毎日無駄な時間を<u>過ごし</u>ている。

▶安心して<u>過ごせる</u>環境や雰囲気をつくることを大切にしています。

▶無駄な時間を<u>過ごさ</u>ないためにパソコンから離れた方がいいですよ。

暮らす

「생활하다」 「생계를 유지하다」는 의미를 나타냄

▶田舎で定住や移住をお考えの方に<u>暮らし</u>のサポートを致します。

▶日本から両親を呼び寄せて一緒に<u>暮らします</u>が、健康保険に加入できますか。

▶今も、内職程度しか働いていないので、やりたい本業だけやって<u>暮らし</u>たいです。

する / やる

◆ **공통점:** 하다

◆ **차이점:**

‣ 娘の帰りが遅くて(○)心配して/(×)心配やっています。

딸의 귀가가 늦어서 걱정하고 있습니다.

추상적인 명사의 경우「やる」로는 교체 불가하다.

する

1)「心配」「苦労」「案内」「注意」등 추상적인 명사인 경우

‣ もしあなたが日本に旅行に来たら、私が案内します。

‣ 見学コース内には段差や階段があるため足元に充分注意して下さい。

2)「音」「声」「寒気」「めまい」등의 관용적인 표현

‣ 部屋で変な音がして怖いです。

‣ めまいがしたら非常にびっくりしますし、気分も悪くなります。

やる

1) 동작성이 강한 행위, 생계를 꾸려나는 경우나 행위의 진행

▶なにが起きようとも、やるべきと決めたことをやるんだ。

▶私はあなたの助言と支援がないとやっていけません。

2) 관용적 표현 「やる気」 또는 속어적 표현으로 「やる」를 씀

▶勉強しなきゃ。でもやる気が出ない。・

▶それって医者がやることなのか。

※ **막연하게 「~하다」인 경우 둘 다 가능**

▶私はこれまで、まだ一度もしたこともないことをやりました。

▶一度も体験したことがないのに、すでにどこかで体験したことのように感じられた。

違う / 異なる / 間違う

◆ **공통점:** 다르다

◆ **차이점:**

▶記入されている郵便番号が(○)違って/(×)異なって/(○)間違っている。

기입된 우편번호가 틀립니다.

「異る」는 두 가지를 비교한 결과 다르다는 것을 나타내는 경우에만 쓰이므로 부자연스러운 표현이 된다.

違う

「約束」「時間」「答え」「日付」等이 객관적인 기준과 다르다고 판단할 경우

- 時間または日付が違います。
- 社会保険と雇用保険は何が違いますか。
- 答えが違ったのは、お前の計算が違ったからだ。

異なる

어떤 사항과 비교한 결과 다르다고 할 경우

- 先ほどファイルを開こうとしたらファイルの形式が異なっていたようです。
- 異なる文化を理解するためには、偏見を取り除かなければなりません。
- 国が異なると言語が異なるため, パッケージのデザインが国によって違います。

間違う

「잘못」「실수」와 같은 당연한 결과가 아닌 경우를 나타내며, 결정된 사항, 방법, 순서 등이 있는데 다른 것을 선택해 버리는 것을 나타냄

- 間違ってもいいから結果の出る前に自分の意見を言ってほしい。
- あなたは間違ってここに入ることを許されてしまった最初

で最後の人なのよ。

▸生まれて初めて辞書で引いてみて、俺が<u>間違って</u>いるって気づいたんだ。

手伝う ／ 助ける

◆ **공통점:** 도와주다

◆ **차이점:**

▸職場で仕事を<u>(○)手伝って</u>/<u>(×)助けて</u>くれる同僚がいなくて大変です。

직장에서 일을 도와 줄 동료가 없어서 힘듭니다.

일 전체를 해주는 것이 아니라 일부를 도와줄 동료가 없다는 의미로 이 경우는「手伝う」만 가능하다.

手伝う

상대가 충분히 할 수 있지만 사람이 일의 일부를 보조해 주는 경우

▸引越しするなら<u>手伝う</u>よ。

▸親が家族経営の自営業を営んでおり、親の仕事を<u>手伝っている</u>。

▸仕事で忙しいのに、毎日夕飯の片づけを一緒に<u>手伝って</u>くれています。

助ける

1) 상대방을 직접 또는 간접적으로 도와주는 경우로, 상대가 전혀
   힘을 쓸 수 없는 상태 또는 곤경에 처한 경우

▶赤ちゃんは胃薬を飲めないので、できるだけ自然に消化を<u>助</u>
<u>けて</u>胃を守らなければなりません。

▶私は両親にも借金の話をすべてしましたが<u>助けて</u>もらうこと
はできませんでした。

2) 사람, 동물 등을 구출하다는 의미인 경우

▶すべての動物を救うことは困難ですが、たとえ1頭でも多く
の命を<u>助け</u>たい。

▶溺れた人を<u>助ける</u>には溺れている人に声をかけて、なるべ
く落ち着かせましょう。

届ける / 送る / 出す

◆ **공통점:** 보내다, 부치다

◆ **차이점:**

▶財布を拾ったら必ず交番や警察に(○)届け/(×)送り/(×)出しま
しょう。

지갑을 주우면 반드시 파출소나 경찰서에 신고합시다.

경찰에 신고한다는 경우는 「届ける」만 가능하므로 「送る」「出す」
는 교체 불가능하다.

届ける

구체적인 물건을 도착하게 하다라는 의미와 경찰서 등에 신고한
다는 의미

- ▸ トラックを運転して、荷物を集めて、届けて、また運転します。
- ▸ 読者に面白いものを届けるためにも、最後まで一緒にやって欲しいです。
- ▸ 落とし物、忘れ物の保管期間は、警察に届けられてから3か月間です。

送る

사람, 물건 또는 추상적인 물건을 보내는 경우 또는 사람을 「데
려다 주다」「생활을 하다」의 의미로도 쓰임

- ▸ 後で私が、家まで送りますから心配しないでね。
- ▸ できるだけ早く、お礼のメールを送る必要があります。
- ▸ 私が心をこめてリフォームしたこの家で、幸せな生活を送ろうと考えている。

出す

어떤 물건을 제출한다는 것에 초점이 있음

- ▸ 来年の予算に関する報告書を出しました。
- ▸ 何か紙に包んだ物を出して私の手に渡した。
- ▸ 彼女は手紙を出すためにポストを探しに出かけたらしいのだ。

取る / 奪う

◆ **공통점**: 빼앗다

◆ **차이점**:

‣ なぜ大家は礼金を入居者から<u>(○)取る/(×)奪う</u>のでしょうか。

왜 집주인은 사례금을 입주자에서 내도록하는 것입니까?

「**取る**」와 「**奪う**」는 둘 다 가져가다는 의미이지만, 「**取る**」는 법적으로 그럴 자격이 있는 사람이 빼앗는다는 의미로 범죄가 아니다. 그러나 「**奪う**」는 탈취하다라는 의미이므로 범죄가 된다.

取る

1) 가져가는 사람이 법적으로 자격이 있는 경우로 범죄가 되지 않음

‣ 月末に、大家さんが家賃を<u>取り</u>に来ます。

‣ グローバル化で資産を国外に移すのが簡単になり、金持ちから税金を<u>取る</u>のが難しく　なっている。

2) 상대가 모르게, 상대의 저항을 받지 않고, 상대의 것을 본인의 묵인 하에 가져가는 경우

‣ 財布から1万抜き<u>取られました</u>。私だけではなく他の人も<u>取られていた</u>。

‣ 一人のお客さんに時間が<u>取られる</u>とどんどん列が長くなっちゃうんですよ。

奪う

어떤 대상에 행위와 작용을 가하여, 자신의 것으로 하거나 상대가 저항해도 무리하게 빼앗아 상대의 불행을 즐기는 표현

▸ 新しい技術は人の仕事を<u>奪う</u>のでしょうか。

▸ 一目見ただけで、僕は彼女に心を<u>奪われた</u>。

▸ 自分の時間を平気で<u>奪う</u>ような相手とは意識して距離を取る。

慣れる / 馴染む

◆ **공통점:** 친숙해지다, 익숙해지다

◆ **차이점:**

▸ 私は日本での生活に日増しに(○)<u>慣れて</u>/(×)<u>馴染んで</u>きました。

나는 일본에서의 생활에 나날이 익숙해져갔습니다.

「慣れる」는 시간이 경과함에 따라 생활에 익숙해지는 의미이므로 자연스러운 문이 되지만, 「馴染む」는 시간이 경과를 나타낼 수 없으므로 부자연스러운 문이 된다.

慣れる

1) 시간이 경과함에 따라 사람이 환경이나 생활에 적응하는 경우

▸ 海外生活は、人によって<u>慣れる</u>時間は全然違う。

▸ 始めた頃は大変だった仕事や勉強も、長く続けていると<u>慣れ</u><u>て</u>きますよね。

2) 훈련으로 인하여 익숙해지는 경우

▸寒い環境にいると肌が寒さに<u>慣れる</u>んです。

▸会計事務所に転職してしばらく、仕事に<u>慣れる</u>のが大変で
した。

馴染む

인간이 환경이나 생활이 몸에 베여 익숙해지는 경우

▸新しい場所に<u>馴染む</u>のが苦手だ。

▸田舎へ引っ越してから、地域に<u>馴染む</u>ことができず孤立して
しまった。

▸人とのコミュニケーションがうまく取れないと職場に<u>馴染
む</u>のに時間がかかる。

習う / 学ぶ

◆ **공통점:** 배우다

◆ **차이점:**

▸人工知能を独学で(○)<u>学ぶ</u>/(×)<u>習う</u>ことに挑戦しました。

인공지능을 독학으로 배우는데 도전했습니다.

독학으로 지식을 배우는 경우 「**学ぶ**」이다. 「**習う**」는 사람에게
가르침을 받는다는 의미이므로 부자연스러운 문이 된다.

| 習う |

선생님이나 전문가로부터 지식 등의 가르침을 받아 반복 연습하여 익히는 경우

▸ 初めてピアノを習う方や初心者の方を対象とした講座です。

▸ 中学校の学習は人から習う学習に加えて自ら学ぶ意識的な学習が求められます。

▸ あれこれ他人から習うよりも、実際に自分で何度もやってみて慣れていったほうがいい。

| 学ぶ |

선생님의 가르침, 독학, TV 강좌 등을 따라함으로서 지식을 익히는 것으로 즐기면서 배우거나, 놀면서 배우는 경우

▸ 自ら積極的に学ぶ姿勢がなければ成長しません。

▸ ギターを独学で学んでプロになっている方もいるようです。

▸ 料理を学ぶだけでなく食の安心や健康に関する講座などが評判だ。

脱ぐ / 取る / 外す

◆ **공통점:** 몸에 걸치고 있는 것을 「풀다」「벗다」「빼다」의 의미

◆ **차이점:**

‣ 日本では玄関で靴を(○)脱いで/(×)取って/(×)外して家に入ります。

　일본에서는 현관에서 구두를 벗고 집으로 들어갑니다.

　착용과 관련된 표현은 서로 교체할 수 없다.

脱ぐ

의복이나 구도 등을 벗는다는 의미를 나타냄

‣ 店の中に入って、コートを<u>脱ぎました</u>。

‣ 日本人はなぜ家の中で靴を<u>脱ぐ</u>のでしょうか。

‣ 日本では玄関で靴を<u>脱ぐ</u>習慣があるので、多くの場合、靴べ
　らは玄関にある。

取る

모자, 장갑, 리본 등을 벗는다는 의미를 나타냄

‣ 手袋を<u>取って</u>確かめると、それほど深い傷ではなかった。

‣ まっすぐにこちらを見ていて、ゆっくりした動作で帽子を
　<u>取る</u>。

‣ 彼女は話す時は自分の話がよく聞こえるように、マスクを
　<u>取った</u>。

안경, 반지 등을 빼다는 의미를 나타냄

▸ 左手の薬指にした指輪を外した。

▸ 明子はうちに帰ったら、靴を脱ぎ、靴下を脱ぎ、イヤリング
を外します。

▸ 普段は眼鏡をかけた地味な子だが、眼鏡を外すと大人っぽく
てスタイルもいい。

寝る / 眠る

◆ 공통점: 자다
◆ 차이점:

▸ (○)寝ながら/(×)眠りながらテレビを見ると、目が悪くなるそう
です。

자면서 텔레비전을 보면 눈이 나빠진다고 합니다.

寝る

누워서 수면을 취한다는 「자다」의 의미

▸ 朝起きてから夜寝るまでやることがすべて決まってるんだ。

▸ 夜の帰りは遅くて、私たち子供の寝たあとに帰るのがほとん
どだった。

▸ 寝る暇もなく、体を休める暇もなく、時間の感覚すら失って
しまうほど忙しかった。

眠る

「잠들다」의 의미이므로 「立ったまま眠る」가 자연스러운 문이 된다.
또한 죽음을 「眠る」에 비유하여 나타내기도 함

‣ すべて資本は地下に<u>眠って</u>います。

‣ 彼は現在、故郷の墓地に<u>眠っている</u>。

‣ こんなによく<u>眠って</u>、こんなにいい夢を見たことはかつて
ありません。

払う / 支払う

◆ **공통점:** 내다, 지불하다

◆ **차이점:**

‣ 犠牲を<u>(○)払う/(×)支払う</u>覚悟ができているならどんなことで
も達成できる。

희생을 치를 각오가 되어 있다면 어떤 일이라도 달성할 수 있다.
「支払う」는 돈을 지불하다는 의미로만 쓰이므로 교체할 수 없다.

払う

1) 돈을 지불하다는 의미

‣ 郵便局で携帯料金を<u>払いました</u>。

‣ 家賃を<u>払い</u>続けるなら、ローンで家を買った方がお得ですよ。

2) 불필요한 것을 제거하는 경우

‣ 不運を招く邪気を<u>払って</u>幸運を引き寄せる。

‣ スーツやコートなどは、外出したら玄関前でほこりを<u>払う</u>
ようにしてください。

3) 「努力」「注意」 등 상대를 위하여 자신의 기분이나 태도를 기
울이는 경우

‣ 私達は危険にたくさん注意を<u>払う</u>ので危険に関する産業も大
きくなる。

‣ 当サイトに正確な情報のみを掲載するよう最善の努力を
<u>払って</u>おります。

支払う

주로 「代金」「電気代」「ローン」 등 구체적인 상대에게 돈을 지불
하는 뜻으로만 쓰이는 경우

‣ 今月は自動車税の<u>支払い</u>月です。

‣ 君に言われたとおりの金額を<u>支払い</u>ました。

‣ 振込み、クレジットカードなど<u>支払う</u>方法を変えるだけで
電気料金が安くなります。

光る / 輝く

◆ **공통점:** 빛나다, 반짝이다

◆ **차이점:**

▸ 稲妻は普通、雷鳴の前に(○)光る/(×)輝く。

번개는 보통 천둥이 치기 전에 번쩍인다.

「光る」「輝く」둘 다 빛이 반사하여 눈이 부시다는 의미이지만, 「光る」는 순간적인 빛의 반사를 나타내고, 「輝く」는 지속적인 빛의 반사를 나타낸다.

光る

빛이 반사하여 주변보다 눈부시게 빛나는 것을 나타내며 「カメラフラッシュ」「稲妻」등 주로 순간적인 빛의 반사를 나타냄

▸ ふと見ると、彼の顔には涙が光っていた。

▸ 暗いところでは自動的にフラッシュが光ります。

▸ 握った手の体温で光る懐中電灯なので便利です。

輝く

빛이 반사하여 눈이 부실정도로 아름답게 빛나는 것을 나타내며, 「光る」보다는 지속적인 빛의 반사, 사람의 영예, 기쁨 등을 나타냄

▸ あなたの笑顔が輝いている時が私の喜びです。

▸ 彼女は輝く宝石のように美しい表情で笑っている。

▸毎日をワクワクした状態で過ごしている人は、キラキラ<u>輝</u>いています。

※ **빛이 반사하여 눈부시다는 의미를 나타내는 경우 둘 다 가능**

▸月は太陽の光を反射して<u>輝い</u>ているのです。

▸太陽は、地球上から見える最もまぶしく<u>光る</u>ものとなります。

開く / 開ける

◆ **공통점:** 열다

◆ **차이점:**

▸飲食店を<u>(○)開く</u>/<u>(×)開ける</u>ためには、様々な資格や手続きが必要になる。

음식점을 개업하기 위해서는 여러 가지 자격증과 수속이 필요하게 된다.

「開ける」는 음식점을 개업하다는 의미는 없으며 단순히 「문을 열다」 는 의미이다.

開く

1) 새로운 상황을 전개하는 경우는 「開く」만 가능

▸銀行で口座を<u>開く</u>場合、身分証が必要になります。

▸年齢など関係なく誰にでも人生の扉を<u>開く</u>チャンスがあります。

2) 「개최하다」의 의미인 경우는 「開く」만 가능

▸ロシアで開かれるサッカーのワールドカップに韓国代表が出場
　する。

▸転勤や退職する際に同じ職場の人などが送別会を開いてくれ
　ることがあります。

3) 「眉を開く」「道を開く」「口を開く」등의 경우

▸彼女は口を開くと、いつも同僚の悪口ばかりだ。

▸自分の考えを持ち、未来への道を開くために学び続ける子を
　育てます。

開ける

「ドア」「窓」「蓋」등을 연다는 의미

▸開けてはならないパンドラの箱を開けてしまった。

▸窓を開けて寝ると自然の風が入るため、体によさそうな気がし
　ます。

▸生活雑貨の売り場に行くと、ビンのフタを開けるためのグッ
　ズも売っているのです。

冷やす / 冷ます

◆ 공통점: 식히다

◆ 차이점:

‣ 冬でもビールを(○)冷やして/(×)冷まして飲みます。

겨울이라도 맥주를 차갑게 마신다.

「冷やす」는 차갑게 해서 마시다는 의미이고, 「冷ます」는 뜨거워져 있는 것을 식힌다는 의미이다. 그러므로 「冷ます」는 부자연스러운 문이 된다.

冷やす

체온, 실내온도, 몸의 일부 온도 등을 현재보다 낮추는 경우

‣ 野菜にも体を温めるものと冷やすものがあります。

‣ 熱中症の時、体をどのくらい冷やせばいいでしょうか。

‣ 室温が快適じゃない場合は、エアコンを使って強制的に冷やす必要があります。

冷ます

고온의 온도를 상온으로, 격한 감정을 나타내는 경우

‣ もっと効率的に早くお弁当を冷ます方法はないのだろうか。

‣ 涙は脳の興奮を冷ます効果があるとテレビで見たことがある。

‣ 煮たら一度冷ますことが必要だ。実は冷ますことで味が染み込むことにある。

増える / 増す

◆ **공통점:** 늘어나다, 증가하다

◆ **차이점:**

▶筋肉量が(○)増える/(○)増すことで、体重は一時的に(○)増える/(×)増すかもしれません。

근육양이 증가해서 체중이 일시적으로 늘어날 지도 모릅니다. 전체의 양을 나타내는 경우「増す」와「増える」둘 다 가능하므로「増す」를「増える」로 교체할 수 있다. 그러나 뒤에 오는「増える」는 변화의 결과를 나타내므로「増す」로 교체할 수 없다.

増える

결과에 초점이 있고, 구체적인 사람 또는 물건이 원래 상태에서 수량이 더해져 늘어나는 것을 나타냄

▶30年前に比べると約2倍に増えました。

▶鏡で顔を見るたびに、なんか皺が増えた気がする。 ・

▶毎月の基本給や手当が少しでも増えたら、うれしいものですよね。

| 増す |

변화량에 초점이 있고, 분량 또는 정도가 얼마나 증가했는지를 나타냄

▸ 速力が増すと燃料費が顕著に増えます。

▸ 秋から冬にかけて夏よりも1.5倍くらい食欲が増すと言われています。

▸ スポーツブランドはもちろん高級ブランドからも発売され人気はさらに増すだろう。

※전체의 수나 양을 나타내는 경우 둘 다 가능

▸ 販売量が増えるにつれ、仕入れの数もどんどん増えています。

▸ 観光地周辺の道路はある特定の季節になると急激に交通量が増す。

みがく / ふく

◆ **공통점**: 닦다

◆ **차이점**:

▸ 1日3回食後に歯を(○)みがいて/(×)ふいています。

하루 3회 식후에 이를 닦고 있습니다.

「歯をみがく」는 자연스러운 문이지만 「歯をふく」는 부자연스러운 문이 된다.

みがく

1) 「歯」「靴」등을 광이 나도록 닦는 것을 나타내는 경우

‣ 営業であれば週に1回は靴を<u>みがく</u>べきだと思う。

‣ 歯の一本一本を丁寧に<u>みがい</u>ていくと、少なくとも10分はか

かります。

2) 노력하여 한 층 더 좋게 되도록 하는 경우

‣ コミュニケーション力を<u>みがく</u>講座を開きました。

‣ 足りないものが分かれば、あとはそれを補うために、自分

を<u>みがけ</u>ば良いのです。

ふく

표면을 부드러운 타월, 걸레 등으로 불필요한 것을 제거하는 의미
를 나타내는 경우

‣ おしぼりで顔を<u>ふく</u>のはやめて下さい。

‣ 棚と窓の隙間にゴミがたくさんあったので雑巾で<u>ふきました</u>。

‣ お父さんの車が汚れていたので、ぞうきんで綺麗に<u>ふきま</u>
<u>した</u>。

3. 형용사 어휘 유의표현 분석

忙しい / 急ぐ

◆ **공통점:** 바쁘다.

◆ **차이점:**

‣ 仕事が(○)忙しい/(×)急ぐので、他のことをする時間が無い。

일이 바빠서 다른 일을 할 시간이 없다.

일이 바쁜 상태를 나타내는 표현으로 「急ぐ」는 부자연스러운 문이 된다.

「急ぐ」는 어떤 일을 하기 위하여 동작, 행위의 속도를 내는 것을 나타내며, 「忙しい」는 급한 일이 생겨 평소보다 바쁜 상태를 나타낸다.

忙しい

바쁜 상태를 나타냄

‣ 忙しい時はほとんど家事らしい家事ができなかった。

‣ 忙しい毎日を過ごしている人はストレスが溜まりやすい。

‣ 忙しい仕事だったが、肉体労働でないため、疲れるということとはなかった。

急ぐ

동작, 행위의 속도를 내는 것을 의미

▸ <u>急い</u>でも締め切り日に間に合わせることができません。

▸ 朝の8時を過ぎると通勤のために駅に<u>急ぐ</u>人々でごった返す。

▸ 本当の締め切りまであと3週間。皆さんそろそろ<u>急いで</u>ください。

うるさい / やかましい

◆ **공통점:** 시끄럽다

◆ **차이점:**

▸ 私の(○)<u>うるさい</u>/(×)やかましい注文にも文句言わず付き合ってくれた2人に感謝します。

나의 까다로운 주문에도 불평하지 않고 어울려 준 두 사람에게 감사합니다.

이 경우의 「うるさい」는 까다롭다는 의미이므로 「やかましい」로 교체할 수 없다.

うるさい

1) 귀에 거슬리는 음향이나 잔소리로 인해 「신경에 거슬리다」는 의미

▸ 疲れて帰ってきて、すぐに寝たいのに<u>うるさくて</u>寝られない。

▸テーブルの上にある置き時計の秒針の音が<u>うるさくて</u>耳についた。

2) 시끄럽다는 의미가 아닌 「까다롭다」 등의 의미

▸私の母は食べ物についての好みが大変<u>うるさい</u>。

▸夫は好き嫌いが激しくて、味に<u>うるさい</u>というか過敏なところがあるんです。

やかましい

큰 소리나 음성으로 불쾌감을 느끼는 상태

▸隣のテレビが<u>やかましい</u>な。

▸エンジン音が<u>やかましい</u>から、つい声が大きくなる。

▸こんな<u>やかましい</u>所で眠れるもんだろうかと思いつつも目をとじるとすぐに寝てしまった。

大人しい / 素直だ

◆ **공통점:** 순하다

◆ **차이점:**

▸<u>(○)大人しい/(×)素直な</u>子は起きている時もすごく静かで一人でニコニコ笑って遊びます。

온순한 아이는 일어날 때도 굉장히 조용하고 혼자서 방긋방긋 웃으며 놉니다.

온순한 아이를 나타내는 경우는 「素直だ」는 부자연스럽다.

大人しい

조용하고 온화한 성격으로 시끄럽거나 반항하지 않는 성격을 나
타냄

- あの子は地味で目立たない大人しい子です。
- 普段は大人しい人だが、自動車を運転すると攻撃的な人に
  なってしまいます。
- 幼い頃はごく大人しい性格だったらしいが、大人になってか
  らは積極的な性格に変わった。

素直だ

1) 비뚤어지지 않고 고분고분한 성격으로 상대의 말을 거스르지
   않음

- 人の言葉に素直に耳を傾ける。
- 素直なのか素直じゃないのか本当によくわからない。

2) 솔직하게(부사적 용법)

- 私は素直にいって一つどうしても不可解なことがあります。
- 自分の気持ちを素直に表現できないのはなぜでしょうか。

同じだ / 等しい

◆ **공통점**: 같다

◆ **차이점**:

‣私は彼と(○)同じ/(×)等しい大学を卒業しました。

　나는 그와 같은 대학을 졸업했습니다.

　「等しい」는 완전히 같다는 의미로는 사용 불가하다.

同じだ

두 가지 이상이 같다는 의미로 앞에 조사 「～と」와 호응

‣あなたはまるで父や母と同じように見えるのよ。

‣どうして年をとると、みんな同じように見えるのだろう。

‣あなたと同じ時間に、同じ場所で、同じ量の食事をしたい。

等しい

1) 동등하다는 의미로 앞에 조사 「～に」가 호응하고, 100% 완전히 같지 않다는 것을 나타냄

‣今の発言は裏切り行為に等しいのだろう。

‣もともと5歳までしか暮らしていないのだから、記憶はゼロに等しい。

2) 「無きに等しい」와 같은 관용어는 「同じだ」로 교체 불가

‣中途半端な努力は無きに等しい。

▶ 100人が無条件に賛成であれば、たった1人の反対意見など
無きに<u>等しい</u>。

重い / 重たい

◆ **공통점:** 무겁다
◆ **차이점:**
▶家族のうち二人が<u>(○)重い</u>/<u>(×)重たい</u>病気にかかっていたなん
て、すごい偶然だ。

　가족 중에 두 사람이 중병에 걸렸다니 대단한 우연이다.

　중병을 나타내는 경우 「**重たい病気**」로 교체 불가하다.

重い

가방, 사람, 책임과 같이 어떤 대상을 무겁다고 느끼거나, 중요하
다, 중대하다의 의미
▶<u>駅</u>からこのビルまで<u>重い</u>足をひきずってきた。
▶ノートパソコンなどの<u>重い</u>荷物も肩にかけて歩いていた。
▶責任が<u>重い</u>仕事というのは会社の業績に大きく左右されるもの
です。

重たい

직접 손으로 들어보고 무겁다고 느끼는 것을 나타내거나, 분위기
또는 기분이 무겁다는 의미

▸ 二人の間に<u>重たい</u>空気が流れた。

▸ 手の中の剣がひどく<u>重たく</u>感じられる。

▸ 子供は<u>重たい</u>荷物をわたしに預けると、笑いながら飛び跳ねま
した。

面白い / 楽しい

◆ **공통점:** 즐겁다, 재미있다
◆ **차이점:**
▸ 金さんはいろいろな経験をもつ<u>(○)面白い</u>/<u>(×)楽しい</u>人です。
김씨는 여러 가지 경험을 가지고 있는 재미있는 사람입니다.
「金さん」의 마음 또는 기분의 상태를 나타내는 것이 아니라 성
격이나 본질을 나타내기 때문에 「楽しい」로 교체할 수 없다.

面白い

속성형용사로 재미있는지 없는지 사람의 평가가 더해진 경우로
성격이나 본질 또는 흥미 유발을 나타냄

▸ 一人で歩くより二人で歩いた方が<u>面白い</u>から、そうしてるだ
けなんです。

‣ どこからそんな噂が出たか知りませんが、ずいぶん面白い話じゃありませんか。

‣ 少し前に夕食会で会ってしばらたまたま　く話をしましたが、なかなか面白かったですよ。

楽しい

감정형용사로 무엇인가를 직접 체험하면서 얻어지는 즐거운 사람의 마음 또는 기분의 상태를 나타냄

‣ 子供の頃楽しかったことは、いくつになっても忘れないもんなんだね。

‣ 今日は彼氏と久しぶりのデートの日だ。どんなに楽しい晩になるだろう。

‣ お花見は、するのも楽しいが、周りの様子を見て歩くのもなかなか楽しい。

賢い / 利口だ

◆ **공통점:** 똑똑하다
◆ **차이점:**

‣ この時事番組は賢い/利口な人が難しい言葉で解説するのでなかなか理解できない。

　이 시사방송은 똑똑한 사람이 어려운 말로 해설하기 때문에 좀처럼 이해할 수 없다.

　「賢い」는 지식이나 경험 등으로 똑똑함을 의미하지만「利口だ」로 교체하면 머리 회전이 빠르고 판단이 뛰어남을 의미한다.

賢い

지식이나 재능 또는 경험을 쌓아 두뇌가 뛰어남을 의미

‣ あなたはとても賢い人だと信じています。

‣ お前はとても賢いか馬鹿かどちらかに違いない。

‣ 人生でいちばん賢い方法は人生を楽に送ることだね。

利口だ

선천적으로 머리 회전이 빠르고 판단이 뛰어남을 의미

‣ どんなに利口で才能があり美しくても何か足りない。

‣ 自分で思ってるほど利口じゃない人を私はたくさん知ってる。

‣ 犬は愛情もって可愛がって育てれば、人の情も通じて利口な犬になるだろう。

可愛い / 可愛らしい

◆ **공통점:** 귀엽다

◆ **차이점:**

‣ 可愛い/可愛らしい女の子だ。

　귀여운 여자아이이다.

　「可愛い」는 용모가 귀엽다는 의미이고, 「可愛らしい」는 성격 등을 포함한 전체적인 분위가가 귀여운 것 같다는 의미이다.

可愛い

1) 용모나 외견이 앙증맞고 귀엽다는 의미로 주로 주관적인 감정
‣ 写真の中のあなたはこんなに<u>可愛い</u>顔をしてるのに。
‣ 私に似ている赤ちゃんを見ていると<u>可愛くて</u>しょうがない。

2) 주관적인 감정을 나타내는 경우는「可愛らしい」로는 교체불가
‣ <u>可愛い</u>娘が急にいなくなって、どんなに心配していることか。
‣ 舌足らずで話す様子を見ていると、<u>可愛くて可愛くて</u>たまらない。

可愛らしい

대상의 분위기나 성격을 나타낼 때에 주로 사용하며,「可愛い」보다는 객관적인 감정
‣ 彼女は明るくて、優しくて、とても<u>可愛らしい</u>です。
‣ 自分の声とは思えないほど<u>可愛らしい</u>声が出る。
‣ そんなに<u>可愛らしい</u>お顔を、今まで一度も見たことがございませんよ。

きつい / 厳しい

◆ **공통점:** 심하다, 엄격하다

◆ **차이점:**

▸体重が増えて普段着ている服が(○)きつく/(×)厳しくなって着られない。

체중이 늘어 평소에 입었던 옷이 끼어 입을 수 없다.

옷, 신발 등이 '꽉 끼다'는 의미인 경우 「厳しい」로 교체 할 수 없다.

きつい

정신적, 육체적으로 정도가 심하다는 의미로 받는 사람이 느끼는 감정을 나타낸다. 옷, 신발, 일정 등 여유가 없다는 의미

▸今日は仕事のスケジュールがかなりきついな。

▸きつい仕事から解放されて、ほっとしているようだ。

▸そんなに辛くない時もあるが、今はちょっときついな。

厳しい

일반적으로 '엄격하다'라는 뜻 주로 사용하며, 빈틈없이 확실하다는 의미로 객관적인 판단을 나타냄

▸厳しい環境の中で、命が始まり、命が終わる。

▸小学校時代すごく厳しい先生が担任になったのですよ。

▶現在の日本における医師の労働環境は非常に<u>厳しい</u>もので
ある。

気の毒だ ／ 可哀想だ

◆ **공통점:** 상대를 동정하는 마음 「불쌍하다」「안됐다」의 의미
◆ **차이점:**
▶息子さんのことは、本当にお<u>(○)気の毒だった</u>/<u>(×)可愛想だっ</u>
<u>た</u>と思います。

　자제분의 일은 정말로 유감스럽게 생각합니다.

　유감스러운 마음을 나타내는 경우「可愛そうだ」로 교체할 수 없다.

気の毒だ

1) 불운을 당한 사람. 사회의 상태・상황에 대하여 동정하는 마음
　을 나타낸다. 객관적, 간접적인 동정을 나타냄
▶こんなにクレームがたまっていて、本当に<u>気の毒</u>でした。
▶彼の人のいいところが、私には<u>気の毒</u>でたまらなかった。

2) 「気の毒だ」는 피해를 끼쳐 미안한 마음을 나타냄
▶皆に食事の心配をさせて<u>気の毒</u>だな。
▶雪の中を訪ねてきたのに、留守にして<u>気の毒</u>でした。

可哀想だ

상대를 불쌍하게 동정하는 기분을 나타낸다. 주로 자신보다 좋지
않은 처지에 있는 상대에게 사용하며, 주관적인 동정을 나타냄

▸ 可哀想にも若いうちに死にました。

▸ それじゃあんまり可哀想じゃありませんか。

▸ いつもイライラして怒る父を最近は可哀想だと思うように
なった。

気持ちよい / 心地好い / 快い

◆ **공통점**: 기분 좋다

◆ **차이점**:

▸ 昨日行ったレストランは、人を連れて行きたくなる(○)気持ちよ
い/(○)心地好い/(×)快い店です。

어제 간 레스토랑은 사람을 데리고 가고 싶은 기분 좋은 가게입니다.
레스토랑의 쾌적한 상태를 나타내므로「心地好い」로 교체할 수
있으나, 정신적 상태를 나타내는「快い」로는 교체할 수 없다.

気持ちよい

감정적으로 기분 좋은 상태이며, 속성, 성격 등에도 사용

▸ 一人ひとりが応対に丁寧で大変気持ちよい宿泊でした。

▸ 温かくて気持ちよくて、私はそこを気楽な感じで歩いている。

▸ しばらく雨模様の日が続いたが、今日は気持ちよく晴れ上がって
いた。

心地よい

장소, 상황 등이 쾌적한 상태

‣ <u>心地よい</u>気分でドライブを楽しめた。

‣ 教会の鐘の音よりもよほど耳に<u>心地よい</u>響きだ。

‣ これからもずっと、元気に楽しく<u>心地よい</u>生活をしていきたい です。

快い

외부로부터의 자극 등으로 기분 좋은 상태

‣ <u>快い</u>お返事をくださりありがとうございます。

‣ 午後ずっとテニスをしていて、<u>快い</u>疲労を感じていました。

‣ 正直に謝ったとしても決して<u>快よく</u>許してくれるとは思わ れなかった。

くどい / しつこい / しぶとい

◆ **공통점:** 끈질기다

◆ **차이점:**

‣ 君の文章は(○)<u>くどくて</u>/(×)しつこい/(×)しぶとい非常に読みに くい。

그의 문장은 장황해서 상당히 읽기 어렵다.

문장에서 같은 말이 반복되는 것을 의미하므로 「しつこい」와 「しぶとい」로 교체할 수 없다.

くどい

같은 말을 반복하거나 오랜 시간 동안 하여 질리게 하는 표현으로
주로 부정적인 의미

- ▶面接での受け答えに、くどい話し方は不要です。
- ▶あなたの文章はくどくて内容がないから、もう少し簡潔に
  書くようにしなさい。
- ▶一度確認しただけでは気がすまず、何度も何度も同じ連絡事
  項をくどく確認しないではいられないという人もいます。

しつこい

하나에 집착하여 놓지 않으려고 하는 것

- ▶たまにものすごくしつこい人っていますよね。
- ▶勤務先にしつこくかかってくる営業電話に悩まされた経験が
  あります。
- ▶しつこくメールや電話をして嫌われてしまった彼と仲直り
  をしたいです。

しぶとい

끈기를 가지고 열심히 하는 것

- ▶人間の慣性とは案外しぶといものなのか。
- ▶しぶとく生きて、思いっきり勇気を出して生きるぞ。
- ▶今もこれからも、雑草のようにしぶとく生きていこうと
  思ってます。

怖い / 恐ろしい

◆ **공통점:** 무섭다, 두렵다

◆ **차이점:**

‣ こんなに(○)怖い/(△)恐ろしいと思った小説は初めてだ。

이런 무섭다고 느낀 소설은 처음이다.

「怖い」보다 「恐ろしい」는 정도가 상당히 심한 경우에 사용하므로 이 경우에는 「怖い」가 자연스럽다.

怖い

무섭다는 의미, 무섭다고 느끼는 정도가 사람에 따라 다름

‣ 怖い話は好きでも実際となれば別だ。

‣ こんな所にいたら、誰だって怖くてたまらなくなってしまうだろう。

‣ 彼女の瞳をみていると、自分が自分でなくなりそうで怖かった。

恐ろしい

불안, 두렵다는 의미로 「怖い」보다 객관적인 의미

‣ 彼らは恐ろしい力を持っています。

‣ それは僕の一生の中でも最も恐ろしい経験だった。

‣ 彼は恐ろしさよりも好奇心が先に立って、すぐ窓のところへ行った。

辛い / 苦しい

◆ **공통점**: 괴롭다

◆ **차이점**:

‣ 望んでいた就職なのに、不安で(○)辛くて/(×)苦しくて喜べ
ない。

바라던 취직인데 불안하고 괴로워서 기뻐할 수 없다.

정신적으로 괴롭다는 「辛い」, 육체적으로 괴롭다는 「苦しい」이
다. 그러므로 「苦しい」로 교체할 수 없다.

辛い

일시적인 정신적인 고통의 의미

‣ 私がどんなに辛い気持ちでいたかを分かってほしい。

‣ こんな気持ちで毎日を過ごすのは 本当に辛いと思います。

‣ 彼女のことを嫌いになって別れたわけじゃないので、それ
は辛かったです。

苦しい

육체적으로 괴롭거나, 주어진 환경 등이 힘든 경우

‣ 熱が出て胸が苦しくなったら、もう寝ているしかない。

‣ 資金計画を立てたはずなのに、ローンの返済で生活が苦しく
なってしまう。

‣ 現在も苦しいが、それ以上に苦しい状況を、彼らとは共にく
ぐり抜けてきたのだ。

つまらない / くだらない

◆ 공통점: 시시하다. 보잘 것 없다.

◆ **차이점:**

‣ **話し相手がいなくて**(○)**つまらない**/(×)**くだらない**。

　말할 상대가 없어서 재미없다.

　재미없다는 의미이므로 「くだらない」로 교체할 수 없다.

つまらない

재미없거나 마음으로 만족감을 얻지 못하고 지루함

‣ **そんなつまらない冗談に、彼は大きな声で笑った。**

‣ **同じことの繰り返しの毎日は平凡でつまらないです。**

‣ **映画は一人で見ても面白いが、野球は大勢で見ないとつまらない。**

くだらない

가치가 없다, 정도가 낮다는 의미

‣ **どんなくだらない作品でもいいからとにかく書くことだと私は思った。**

‣ **くだらない番組が多いからテレビは見ないという方もいると思います。**

‣ **彼らの顔付き、彼らの身振、彼らのくだらない会話が、我慢できなかった。**

残念だ / 悔しい

◆ **공통점:** 유감스럽다, 아쉽다
◆ **차이점:**

▸ (○)残念/(×)悔しいながら完敗です。

유감스럽지만 완패입니다.

「残念ながら」는 관용적 표현으로 「悔しい」로 교체할 수 없으며, 「悔しい」는 감정적인 아쉬움을 나타내는 표현이다.

残念だ

뜻대로 되지 않아 아쉬움이 있는 상태를 나타내거나 결과적으로 아쉬운 상태

▸ 昨日の試合、残念でしたね。

▸ 僕は学生時代に勉強しなかったのが今でも残念でたまらない。

▸ あまり表情を顔に出さない彼女が、本当に残念そうな顔をしている。

悔しい

실패, 패배로 인해 분한 상태를 나타내거나 감정적으로 아쉬운 상태

▸ あまりに無力な自分が悔しい。

▸ 試合後インタビューで私は嬉しい気持ちよりも悔しい気持ちが強かった。

▸ 始めから勝負の結果は明らかだったのだが、やっぱり負けるのは悔しい。

大事だ / 大切だ / 重要だ

◆ **공통점:** 소중하다. 중요하다

◆ **차이점:**

‣ くれぐれもお体を(○)お大事に/(○)大切に/(×)重要に。

부디 몸조심하세요.

인사표현으로 「お重要に」로 교체할 수 없다. 주로 「お大事に」로 사용된다.

大事だ

일 직업 마음 등이 중요하다는 의미

‣ 仕事は家族の次に大事なものです。

‣ 大事な写真やメールはバックアップしましょう。

‣ いちばん大事な品は、決して店内には展示していません。

大切だ

가족, 친구, 보물 등이 소중하다는 의미

‣ 彼は自分の力で大切な存在を守りたいと思っている。

‣ 何をするにしても健康が一番大切ですから無理は禁物です。

‣ 大切な物をなくす夢は、新しい価値観や人間関係が始まる兆しです。

重要だ

공적으로 중요하여 없어서는 안 되는 것을 의미

‣ 優秀な人材を獲得してチーム運営をすることが<u>重要</u>であると
考えている。

‣ 週末に市民が利用するほか、観光の拠点としても<u>重要な位置</u>
を占めている。

‣ 自社で開発した商品のアイデアやノウハウを真似されない
よう特許を申請しておくことは 非常に<u>重要</u>です。

※「大事に」「大切に」는 부사적 용법으로 사용가능하다.

‣ 大好きな彼女のことはいつも<u>大事</u>にしている。

‣ 自分が<u>大切</u>にしていることを諦めないで欲しい。

大丈夫だ / 平気だ

◆ **공통점:** 아무렇지 않다

◆ **차이점:**

‣ 木造の柱って雨に濡れても<u>(○)大丈夫/(×)平気</u>なのでしょう
か。

목조 기둥은 비에 젖어도 괜찮을까요?

비에 젖어도 기둥이 위험하지 않는가를 의미하는 표현인 경우
에는「平気だ」로 교체 불가능하다.

大丈夫だ

어떤 사항이 발생해도 대처가 가능하여 위험이나 걱정 등이 없다는 의미

▸ あんたももう大丈夫なようだから、これで失礼します。

▸ 大丈夫だと思いますが、万一のこともあるから胃カメラをしましょう。

▸ 私は相続した財産は少ないので自分で申告書を記載するだけで大丈夫だと思う。

平気だ

어떤 사항이 발생해도 신경 쓰지 않는다는 의미로 평소와 같은 기분이라는 의미

▸ 全然平気じゃなかったくせに。

▸ どうせあなたは、私なんかどうなろうと平気でしょう。

▸ 人々が大騒ぎするのがおかしいというような平気な顔をしていた。

短気だ / せっかちだ

◆ **공통점:** 성격이 급하다

◆ **차이점:**

▶ (○)短気/(×)せっかちを起こすと、自分が損をする。

　참지 못하고 성질을 내면 자신도 손해다.

　「短気を起こす」는 관용어이므로 「せっかち」로 교체할 수 없다.

短気だ

성격이 급하여 결론을 빨리 내려고 하는 모습

▶ ゲームで短気を起こすと後悔する。

▶ 短気で怒りっぽいところがあるが根は優しい人です。

▶ 実は本当は自分でも嫌になるくらい神経質で短気な性格で
　困っています。

せっかちだ

성격이 급하여 일을 빨리 처리하려고 자꾸 재촉하는 모습

▶ 歳をとるとどうしてあんなにせっかちになるんでしょう。

▶ せっかちな人は、物事を計画通りに進める事が出来ません。

▶ 色々な事が凄い勢いで進んでいく現代社会では、せっかちに
　なってしまいがちです。

望ましい / 好ましい

◆ **공통점:** 바람직하다

◆ **차이점:**

▸面接を受ける方はスーツが(○)望ましい/(×)好ましいです。

면접을 보는 분은 슈트가 바람직합니다.

앞으로의 희망을 나타내므로「好ましい」로 교체할 수 없다.

望ましい

희망이 실현되었으면 하는 의미

▸副作用がありうるので医師の指導のもとに服用することが望ま
しい。

▸このニュースで最も望ましいことは、それが真実であるこ
とだと思われる。

▸隣の部屋の小声の会話さえも聞こえないような防音があるこ
とが望ましい。

好ましい

취향에 맞아 호감을 느끼거나 좋은 느낌의 의미로 현재 그렇게 느
끼는 상태를 나타냄

▸子どもにとって好ましくない影響があると思う。

▸その志望者は試験官に好ましい印象を与えた。

▸世の中が好ましくない方向へ動いて行く気がした。

面倒くさい / 煩わしい

◆ **공통점:** 귀찮다

◆ **차이점:**

▶部屋を片付けるのが(○)面倒くさい/(×)煩わしい。

방을 정리정돈 하는 것이 귀찮다.

「煩わしい」는 정신적, 심리적으로 귀찮다는 의미이므로 교체할
수 없다.

面倒くさい

어떤 일에 대해 흥미 또는 의욕이 생기지 않는 모습을 나타냄

▶部屋を整頓するのは面倒くさいです。

▶無口ではないが、会話をすること自体が面倒くさくて好きでは
ない。

▶自分で書くのは面倒くさいが、人の書いた手紙を読むのは
面白い。

煩わしい

어떤 일에 대해 정신적으로 부담이 되는 모습을 나타내며, 심리적
으로 자신 또는 타인의 행위에 대해 불쾌하게 느낌을 나타냄

▶近所づきあいが煩わしい。

▶煩わしい人間関係を持ちたくないというのが本音かもしれま
せん。

▶引っ越しする際の手続きは、煩わしいことばっかりだなと感じます。

もったいない / 惜しい

◆ **공통점:** 아깝다

◆ **차이점:**

▶(○)もったいない/(×)惜しいので食事を残すことができません。

아까워서 식사를 남길 수 없습니다.

낭비하지 않는다는 의미로 이 경우는 「惜しい」로 교체할 수 없다.

もったいない

상대나 대상에 대해 감사하여 머리가 저절로 숙여지는 기분, 대상을 소홀하게 취급하거나 낭비하는 것에 대한 안타까움을 나타내는 경우

▶いい天気だから家の中にいるのがもったいない。

▶ゴミとして捨てているんですが、なんだかもったいないですよね。

▶可愛らしいカップケーキは食べてしまうのがもったいないくらい。

惜しい

가치가 있다고 여기는 것을 놓고 싶지 않은 기분이나 가지지 못한
것, 손에 넣지 못하는 것에 대한 아쉬운 경우를 나타냄

▶彼女はエレベーターを待つ時間すら惜しくて、階段を駆け
　昇ってきたのだ。

▶これは失うにはあまりにも惜しい機会だ。

▶勝てる試合っただけに、惜しい負けだったなと思っています。

立派だ / 見事だ

◆ **공통점:** 겉모양이나 내용이「멋지다」「훌륭하다」의 의미
◆ **차이점:**

▶うちの大学は(○)立派な/(×)見事な大学です。

　우리 대학은 훌륭한 대학입니다.

　「직업, 집안, 출신학교」등 가치 판단하는 경우에는「見事だ」로
　교체할 수 없다.

立派だ

인위적으로 만든 어디에 내놓아도 부끄럽지 않은 모습, 물건, 건
물, 인간의 행위 등이 뛰어난다는 의미

▶そこに見えるどの人よりも立派でした。

▶みんな立派な家柄のお子さんばかりだった。

▶私はいつもあの方を立派だと思っていたのよ。

見事だ

솜씨, 사물의 겉모양, 완벽한 모습 등 볼만한 가치가 있는 경우 사용, 「직업, 집안, 출신학교」등 내용을 가치 판단하는 것에는 사용불가

▶今年も桜の花が<u>見事に</u>咲いている。

▶駅の停電は、<u>見事な</u>タイミングだったわ。

▶広々とした公園内には<u>見事な</u>蓮の花がたくさん咲いていました。

よろしい / いい・よい / 結構だ

◆ **공통점:** 좋다. 괜찮다

◆ **차이점:**

▶<u>(○)よろしければ/(△)よければ/(×)結構ならば</u>、召し上がってください。

괜찮으시면 드십시오.

경어 표현으로 「結構だ」로 교체하면 어색한 표현이 된다.

よろしい

「いい・よい」의 정중한 표현으로 상대방에게 허가나 동의를 구하는 표현

▶あまりご<u>無理な</u>さらない方が<u>よろしい</u>かと思います。

▶<u>よろしければ</u>、あなたのお名前を教えていただけませんか。

▸仕事のことは忘れてたまにはゆっくりお休みになられて
も、よろしいのではないでしょうか。

いい・よい

한국어의 '좋다, 괜찮다'의 의미

▸見たくなかったら、見なければいいんです。

▸確かに、私にとっては都合のよい話ではなかった。

▸お二人は実の兄弟のように仲がよかったんですよ。

結構だ

1) 상대방의 제의에 동의하다는 의미

▸水曜日以外なら、いつでも結構ですよ。

▸何度も言いますが、私の方は心配いりませんから手紙を送ら
なくて結構です。

2) 거절의 의미

▸食事はもう結構ですから、さっさと仕事の続きをしましょう。

▸A: ご飯のお代わりはどうですか。

B: いいえ、結構です。もう十分いただきました。

4. 부사 어휘 유의표현 분석

あらかじめ / 前もって

◆ **공통점:** 미리, 사전에

◆ **차이점:**

‣ あらかじめ/前もって食材や人員の準備が必要なので、お早めのご予約をお願いいたします。

사전에 식재와 인원 준비가 필요하니까 일찍 예약을 부탁드립니다.

미리 계획을 세워 행동한다는 의미로 「あらかじめ」를 「前もって」로 교체 가능하나, 「あらかじめ」가 격식 있는 표현이다.

あらかじめ

미리 계획을 세워 행동한다는 의미로 「前もって」보다 격식 있는 표현

‣ あらかじめ準備してきたに違いない。

‣ あらかじめ時間をかけて準備をしなければならなった。

‣ 犯人は決して今日の殺人を、あらかじめ計画していたわけじゃなかった。

前もって

미리 계획을 세워 행동을 옮기기 전에 대책을 강구함

‣ 前もって予約する必要があります。

▸ 前もって許可を得なければ、これから先には進めないので
あった。

▸ 前もって電話をしておいたのに、30分以上も待たされた。

改めて / 新たに / 改まって

◆ **공통점:** 새롭게, 새삼스럽게
◆ **차이점:**

▸ 下記の件に関連して、(○)改めて/(×)新たに/(×)改まってお願い
いたします。

하기 건에 관해서 다시 부탁드립니다.

「新たに」「改まって」는 이전에 사항을 끝내고 새롭게 시작하
는 의미이므로 교체할 수 없다.

改めて

문제 해결을 위해 처음부터 다시 생각하는 경우

▸ 毎朝の日の出が本当にきれいで、この季節が改めて好きに
なった。

▸ 何度も聞かされてきたものだが、改めてまとめてみると次
のようになる。

▸ 一体自分が一日中何をして過ごしているのかと、改めて考
えてみた。

이전에 사항을 그만두고 개선 또는 추가하여 새롭게 시작하는 경우

‣ <u>新たに</u>５店舗の直営店舗を出店します。

‣ 経営革新計画を<u>新たに</u>35件承認しました。

‣ 信用度が低いのでクレジットカードを<u>新たに</u>作ろうと思っても審査に通りにくくなります。

改まって

격식 있는 표현으로 이전 상태를 끝내고 새롭게 한다는 의미

‣ <u>改まって</u>言うのも変だが、私から別れの言葉を言いたい。

‣ 結婚式で<u>改まって</u>両親にお礼をいうのは意外に照れるものですね。

‣ 今更<u>改まって</u>言うのもちょっと恥ずかしいんだけど、本当にありがとうございます。

いっぱい / たっぷり

◆ **공통점:** 많이, 가득

◆ **차이점:**

‣ <u>今年(○)いっぱい/(×)たっぷり</u>で解散することが発表された。

올해 끝으로 해산하기로 되었다

「年内いっぱい」「今年いっぱい」 등은 「たっぷり」로 교체할 수 없다.

いっぱい

1) 일이나 사물 등이 넘칠 만큼 많이 있다는 의미

‣この店には青春の思い出が<u>いっぱい</u>詰まっています。

‣体操教室では、鉄棒やトランポリンをする元気<u>いっぱい</u>の子供が汗を流していました。

2) 「お腹がいっぱい」「胸がいっぱいになる」「頭がいっぱい」「元気いっぱい」 등의 관용적 표현은 「たっぷり」로 교체 불가

‣保育園の子どもたちは、恵まれた自然に囲まれ元気<u>いっぱい</u>です。

‣言葉にならないほどの感動と感謝の気持ちで胸が<u>いっぱいに</u>なりました。

たっぷり

충분하다는 의미

‣ランチに野菜<u>たっぷり</u>のスープをいただきました。

‣朝食にぴったりな野菜<u>たっぷり</u>のマフィントーストです。

‣そんなにあわてることはないよ。時間は<u>たっぷり</u>あるんだから。

いろいろ / 様々

◆ **공통점:** 여러 가지

◆ **차이점:**

▸ (○)いろいろと/(×)様々と、ありがとうございました。

　여러 가지로 고마웠습니다.

▸ **大型書店には**(○)様々な/(○)いろいろな**本がある。**

　대형서점에는 여러 가지 책이 있다.

　「いろいろ」를 「様々」로 교체할 수 없다. 그러나 대형서점에는 여러 가지 다양한 책이 있다는 것을 나타내는 경우는 「様々な」를 「いろいろな」로 교체할 수 있다.

いろいろ

1) 「いろいろ」「いろいろな」「いろいろの」「いろいろと」의 형태로 쓰이며, 다른 것이 여러 가지 있음을 나타냄

▸ まだまだいろいろ経験してから進路を決めたいと思っているんです。

▸ 自分の知らないいろいろな人から手紙を貰っているのに驚きましたよ。

2) 관용적 용법

▸ いろいろお世話になりました。

「様々な」「様々に」の 형태로 쓰이며, 다른 것이 여러 가지 있는
데 그것이 서로 종류나 분야가 다르다는 의미

▸当社の社員は様々な分野で活躍しています。

▸大晦日には、様々な年越しの行事が行われる。

▸ダムの建設が進むにつれて様々な問題が発生した。

思わず / うっかり / つい

◆ **공통점:** 깜박해서

◆ **차이점:**

▸(○)思わず/(×)うっかり/(×)つい 「痛い!」と抑えられない声が出て
しまった。

무심코 「아프다」라고 참을 수 없어 목소리가 나와 버렸다.

반사적으로 일회성의 행위에는 「うっかり」「つい」로 교체할 수 없다.

思わず

현실에 있는 구체적인 장면에서 순간적으로 깜박하는 경우나, 자
신도 모르게 반사적으로 일어나는 개별적인 행위에 사용

▸悲しい映画を見て思わず涙が出てしまった。

▸急に人が飛び出してきたので思わず声を上げた。

▸子供のころの思い出がよみがえって思わず笑顔になっちゃ
うね。

うっかり

부주의로 인하여 깜박하는 경우를 나타냄

▸急いでいたのでうっかり鍵をかけわすれた。

▸うっかり財布を忘れて買い物ができなかった。

▸ボンド塗ったのを忘れて、うっかり触ってしまった。

つい

습관이나 습성으로 자연스럽게 깜박하는 경우를 나타냄

▸部屋が温かいとつい眠くなる。

▸財布にたくさんお金があるとつい買いすぎてしまう。

▸パーティにはおいしいものがたくさんあったので、つい食べ過ぎてしまった。

必ず / きっと / ぜひ

◆ **공통점**: 확실하다는 판단과 화자의 감정으로 「반드시」 「꼭」 의 의미

◆ **차이점**:

▸人は(○)必ず/(×)きっと/(×)ぜひ死にますが、(○)必ず/(×)きっと/(×)ぜひ病気で死ぬわけではない。

인간은 반드시 죽습니다만, 반드시 병으로 죽는 것은 아닙니다. 자연의 법칙, 도리, 상식과 같은 변하지 않은 진리의 경우 「きっと」「ぜひ」로 교체할 수 없다.

必ず

확실하고 객관적인 결과의 경우에 쓰임. 부정인 경우는 「必ずしも」
로 나타냄. 「반드시」

▸ 食事は<u>必ず</u>自分の分は自分で払った。

▸ 相手が<u>必ずしも</u>持っているとは限らない。

▸ チャンスは<u>必ず</u>やってくると信じて一生懸命頑張った。

きっと

화자가 판단하고 추측하는 표현으로 화자의 의지를 나타냄. 「아마도」

▸ みんなも<u>きっと</u>同じ不安を抱えていたのだと思う。

▸ 君も<u>きっと</u>どこかで、一度くらいは会ったことがあるはず
です。

▸ あなたは、私がいなくとも、<u>きっと</u>幸せになれる方だと信
じています。

ぜひ

화자의 희망을 나타냄. 「제발, 꼭」

▸ 私は、その秘密を<u>ぜひ</u>知りたい。

▸ 生きているなら<u>ぜひ</u>会いたいと思っていた。

▸ 私はその書類を<u>ぜひ</u>見せてほしいと頼んだ。

かなり / ずいぶん

◆ **공통점:** 상당히

◆ **차이점:**

‣ しかも、(○)かなり/(×)ずいぶんの割合の人がインターネットを使っていると思います。

게다가 상당한 비율의 사람이 인터넷을 사용하고 있다고 생각합니다.

인터넷을 사용하는 수가 많음을 나타내는 경우「ずいぶん」으로 교체할 수 없다.

かなり

결과, 정도, 수량이 평균, 표준 보다 뛰어넘는다는 의미

‣ この地域は上下水道がかなり普及しています。

‣ 車は短距離でもかなりのスピードに達することができるのだ。

‣ 鬱病と診断されている人の中でも、かなりの割合の人が実は躁鬱病である。

ずいぶん

결과 또는 정도가 주관적인 예상보다 훨씬 뛰어넘는다는 의미

‣ ずいぶん前から楽しみにしていました。

‣ 慣れるのにずいぶん時間がかかるだろうと思った。

▸私は初めずいぶん苦労したけど、そのうち先輩に教わって
コツを覚えたわ。

きちんと / ちゃんと

◆ **공통점:** 정리되어 반듯한 모습 「제대로」
◆ **차이점:**
▸お客さまが買いやすく選びやすいよう商品をきちんと/ちゃ
んと並べておきます。

손님이 사기 쉽게, 고르기 쉽도록 상품을 제대로 진열해 둡니다.
「きちんと」는 상품을 깔끔하고 정확하게 정리한다는 의미이고,
「ちゃんと」는 화자 자신이 정확하게 상품을 진열하겠다는데
초점이 있다.

きちんと

흐트러짐이나 부정확함이 없이 정돈된 모습을 나타냄
▸彼はきちんとした女性と結婚していますよ。
▸最近の子どもたちは、きちんとした挨拶ができない。
▸部屋の中はきれいに片付いていて、掃除もきちんとされてい
ます。

ちゃんと

어떤 사항이 정확하고 올바르다는 의미

▸ 今は人並みに<u>ちゃんと</u>した暮らしをしてるよ。

▸ 見た目は<u>ちゃんと</u>したアップルパイのような感じだけど。

▸ 大丈夫です。<u>ちゃんと</u>お守りしますからご安心ください。

※「きちんと」와「ちゃんと」둘 다 사용 가능한 경우

▸ <u>きちんと</u>挨拶をしなさい。<예의에 맞게 인사를 해라>

▸ <u>ちゃんと</u>挨拶をしなさい。<빼먹지 말고 인사를 해라>

次第に / 段々 / 徐々に

◆ **공통점:** 점차, 서서히

◆ **차이점:**

▸ 聞こえて来た音も、<u>次第に/段々/徐々に</u>大きくなって近づいて来る。

들려오는 소리도 점점 커져서 다가온다.

「**段々**」은 단계적으로 점점 소리가 크게 되는 것을,「**次第に**」는 시간에 따라 조금씩 소리가 크게 되는 것을,「**徐々に**」는 천천히 느리게 소리가 커짐을 의미한다.

次第に

시간의 경과에 초점이 있음을 나타냄

- ▸泣き声は<u>次第に</u>大きくなった。
- ▸彼らは<u>次第に</u>仲良くなっていった。
- ▸その映画は<u>次第に</u>クライマックスに達した。

段々

시간의 경과에 따라 단계적으로 변화함을 나타냄

- ▸<u>段々</u>音が大きくなる。
- ▸最低限の機能がついていないと初心者の方は<u>段々</u>面倒くさくなるで しょう。
- ▸食べる物に気をつけて、そして<u>段々</u>減らしていけばきっとダイエットに成功しますよ。

徐々に

변화의 속도가 천천히 일어나는 것을 나타냄

- ▸<u>徐々に</u>全国に拡がっていくでしょう。
- ▸<u>徐々に</u>改善されているのだと思われます。
- ▸こちらがリラックスしていれば、相手も<u>徐々に</u>緊張しなくてもよいことがわかってきます。

ずっと / ひたすら

◆ **공통점:** 오로지, 쭉

◆ **차이점:**

▶ この先(○)ずっと/(×)ひたすら坂道です。

이 앞으로 쭉 비탈길입니다.

비탈길이 끊어지지 않고 쭉 이어진다는 것을 나타내는 경우「ひたすら」로 교체할 수 없다.

ずっと

어떤 사항을 도중에 중단하지 않고 계속 끝까지 한다는 의미. 시공간이 쭉 이어지는 경우 또는 정도의 차이가 크다는 의미도 있음

▶ 昨日からずっと頭痛があって、寝ても体を横にしても治りません。

▶ 小学校の間ずっと続けてきたから、なんとなくもう、やめるのももったいない。

▶ 地元の大学に通い、地元で就職したので生まれてからずっと実家で暮らしています。

ひたすら

다른 사항은 무시하고 한결같이, 오로지 계속 한다라는 의미

‣ 彼の方から電話すると言ったのだから、<u>ひたすら</u>待つしかなかった。

‣ 列車はいぜんとして夜の闇の中を西に向かって<u>ひたすら</u>走り続けている。

‣ 休日は、<u>ひたすら</u>寝るか、うちに友達を呼んでご飯作って食べたりしています。

すべて / みんな

◆ **공통점:** 모두
◆ **차이점:**

‣ <u>(○)すべて/(×)みんな</u>の列車が<u>(○)すべて/(×)みんな</u>の区間にわたって各駅に停車する。

모든 열차가 모든 구간에 걸쳐 각 역에 정차한다.

사물의 전부를 나타내는 경우는 「**みんな**」로 교체할 수 없다.

すべて

1) 어떤 사항이 빠짐없이 모두임을 나타내거나 사물의 전체를 나타내는 경우

‣ こんなにも頑張っているのにやることなすことすべてがうまくいかない。

‣ 最近、無気力で何もしたくなくてすべてが面倒くさくなってしまいました。

2) 사람이더라도 「すべて」를 쓰는 경우가 있음

‣ すべての者に幸あれ。

‣ すべての人間は平等であると信じられている。

みんな

같은 곳에 있는 것을 전부 모아서 하나로 표현하는 경우와 사람의 전체를 나타내는 경우에 쓰임

‣ 連れて行くなら、一人残さず、みんな一緒に連れて行きなさい。

‣ みんな同じように悪いと言うのでは、評価をしないのと同じである。

‣ みんな自分たちの話に夢中になっていて、私がいることさえ忘れていた。

たまたま / たまに

◆ **공통점:** 가끔

◆ **차이점:**

‣ 私の場合は(○)たまたま/(×)たまにうまく行ったけれど、これ
は運がよかったからだ。

나의 경우는 우연히 잘 되었지만, 그것은 운이 좋았기 때문이다

뜻하지 않은 일이 우연히 일어남을 나타내는 경우「**たまに**」로
교체할 수 없다.

たまたま

「**たまに**」보다 횟수가 많거나, 횟수가 적어짐을 나타내며 또한 뜻
하지 않은 일이 일어남을 나타내는 경우

‣ たまたま私が行くときにそんな人ばかりだったのかも知れ
ない。

‣ 彼が成功したのは、努力したからではなくたまたま運がよ
かったためである。

‣ 場所は分かりにくかったので、途中でたまたま近くに住ん
でいる人に会って、案内してもらいました。

たまに

1) 어떤 사항이 시간적 간격을 두고 일어나는 경우. 「가끔」

▸ 会社の人と<u>たまに</u>酒を飲んで、夜遅く帰ることがあります。

▸ 彼とは近所に住んでいて、<u>たまに</u>顔を合わせますが、挨拶も
なく嫌な感じです。

2) 「たまにしか～ない」문형으로 이 경우는 「たまたま」로 교체
불가

▸ コンタクトレンズは<u>たまに</u>しか使わない。

▸ 車はあったほうが便利だと思うけれど<u>たまに</u>しか乗らない。

つまり / すなわち

◆ **공통점**: 즉

◆ **차이점**:

▸ 被害者が行方不明になった。<u>(○)つまり</u>/(×)<u>すなわち</u>殺された
日の朝ですね。

피해자가 행방불명이 되었다. 즉 살해당한 날 아침이군요.

앞에서 언급한 사항을 최종적으로 결론을 내는 경우 「すなわち」
로 교체할 수 없다

つまり

앞에서 언급한 사항을 최종적으로 결론을 냄. 「즉」

- 彼は姉の子、つまりおいだ。
- 今回の 選挙では野党が勝った。つまり、国民は変化を求めたのだ。
- 地球が丸いという事実は、昔も今も存在します。つまり、地球が丸いというのは「いつの時代でも変わらないこと」ですね。

すなわち

앞에서 언급한 사항을 설명하고 앞의 내용과 뒤의 내용이 같음을 나타냄. 「다시 말해」

- こちらは、私の妹の娘、すなわち姪にあたります。
- 人間以上の存在とは、すなわち人間以外のものである。
- 和服は、文字通り 「和」の「服」、すなわち日本の衣服という意味である。

どうして / なぜ / なんで

◆ **공통점**: 왜, 어째서

◆ **차이점**:

▸ 一体(○)どうして/(○)なぜ/(○×)なんでこうなったのか。

도대체 어째서 이렇게 되었니?

셋 다 납득하지 못하는 경우에 사용하지만, 「**なぜ**」는 「**どうし
て**」보다 납득하기 어렵거나 상대에게 책임을 묻는 듯한 경우이
고, 「**なんで**」는 도저히 믿을 수 없는 경우에 사용한다.

どうして

방법이나 이유를 몰라 의문으로 생각하거나 예상이 빗나가서 놀
라는 경우로 주로 회화에서 사용

▸ 自分が<u>どうして</u>こんな状態でここにいるのかはわかってい
ない。

▸ 自分の生活や人生に関して深い悩みがあり、<u>どうして</u>いい分
からないんです。

▸ <u>どうして</u>自分が怒っているのかよくわからないが、とにか
く怒りが収まらなかった。

なぜ

어떤 이유나 사정을 몰라서 상대에게 물어보는 표현으로, 주로 의문이나 의심하는 기분을 나타냄

‣ なぜそんなことを口にしたのか、自分でもよくわからなかった。

‣ なぜだか分からないが、おれはずいぶん早く酒を覚えてしまったんだ。

‣ 自分でもなぜ今ここにいるのかよく分からないのだから、他人に分かるはずがない。

なんで

윗사람에게는 사용할 수 없으며 주로 젊은 층에서 따지듯이 도저히 믿을 수 없는 경우에 사용

‣ なんで俺はこんな言いわけをしているんだろうね。

‣ なんで俺がこんなこと先輩に言わなきゃならないんだ。

‣ なんでこんな大胆なことをしてしまったのか、自分でもよく分からなかった。

とても / 大変 / 非常に

◆ **공통점:** 대단히, 매우, 무척 등 정도를 나타내는 표현

◆ **차이점:**

‣ これ欲しかったの。(○)とても/(×)大変/(×)非常に嬉しい。

이것 갖고 싶었어. 너무 기쁘다.

심적 상태를 나타내는 경우 「大変」「非常に」로 교체할 수 없다.

とても

회화체에서 주로 사용되며, 심적 상태를 나타내는 동사나 형용사와 주로 호응하며, 부정형과는 호응하지 않음

‣ 毎日9時まで働くので、とても疲れています。

‣ お祖父さんはとても喜んで、お小遣いをくれた。

‣ 札幌は一泊しか泊まりませんでしたけど、とても気に入りました。

大変

회화체에서 주로 사용하며, 정도가 심하다는 의미. 「대단히」

‣ 大変役に立ちました。

‣ 先日は大変ありがとうございました。

‣ 大変ご迷惑をかけまして、申し訳ありませんでした。

非常に

정도가 보통보다 지나친 경우에 쓰이며, 특히 자신에게 마이너스 되는 상황에 주로 사용

- それを無視することは、<u>非常に</u>危険です。
- すべて移行するのは<u>非常に</u>難しい問題となっている。
- どれも<u>非常に</u>高価なものであるらしいことだけは分かった。

とりあえず / 一応

◆ **공통점**: 우선, 일단
◆ **차이점**:

- 全額は今ないが、1万円なら(○)<u>とりあえず</u>/(×)一応返せる。

  전액은 지금 없지만, 1만 엔이라면 우선 갚을 수 있다.

  현 시점에서 전액을 갚을 수 없으므로 현 단계에서 갚을 수 있는 만큼 우선 갚는다는 것으로 이 경우「一応」로 교체할 수 없다.

とりあえず

현 시점에서 충분하지는 않지만, 현 단계에서 할 수 있는 것을 일단 한다는 의미

- 僕は<u>とりあえず</u>、黙っておくことにした。
- 「ごめんなさい」と、<u>とりあえず</u>頭を下げて謝った。
- どうしようもなくなった時はここに来て<u>とりあえず</u>乾杯して、騒いで帰ろう。

최소한 요구 조건을 충족시키려고 하지만 충분하지 않음을 나타
내는 표현

‣ この企画は<u>一応</u>成功したようだ。

‣ <u>一応</u>考えてみたが、思い当たるようなことはなかった。

‣ 妻が<u>一応</u>説明してくれたのだが、結局なんだかよく分からな
かった。

ほとんど / だいたい / たいてい

◆ **공통점:** 거의

◆ **차이점:**

‣ 1週間くらい<u>(○)ほとんど</u>/<u>(×)だいたい</u>/<u>(×)たいてい</u>食べない
で、4キロくらい痩せました。

1주간정도 거의 먹지 않고 4킬로 정도 살이 빠졌습니다.

「だいたい」「たいてい」는 부정표현과 호응하지 않으므로 교
체할 수 없다.

ほとんど

정도, 비율, 확률이 높은 것을 나타내는 표현

- 日本はガソリンのほとんどを輸入しています。
- 彼の生まれや若い頃についてはほとんど知られていない。
- テストでほとんど時間がない時、私はいつも焦りすぎてしまいます。

だいたい

어떤 사항이 기준에 가까운 것을 나타내는 표현으로 주로 긍정표현과 호응

- 具体的に説明されなかったが、だいたい想像ついた。
- 共稼ぎの若い夫婦たちはだいたい家事を分担しています。
- どういう遊びをしているのか、聞かなくてもだいたい分かる。

たいてい

정도, 빈도가 대다수의 경우를 나타내는 말로 주로 빈도수나 확률을 나타냄

- 雨がふると、彼はたいてい欠席だ。
- すべての虫がたいてい、夜の間に死んでしまうらしいです。
- 妻はといえば、どんなに帰りが遅くなってもたいてい起きて待っている。

全く / 全然

◆ **공통점:** 전혀

◆ **차이점:**

‣ 実は、(○)全く/(×)全然あなたの言う通りです。

실은 완전히 당신이 말한 대로입니다

「全然」은 부정을 강조하는 의미이므로 교체할 수 없다.

全く

부정 표현과 호응하는 경우「全然」과 같은 의미이며「全くおもしろい」와 같이 긍정문에도 사용할 수 있음.「완전히」

‣ 全く君の言う通りだよ。

‣ 声も表情も似ているというレベルを超えて全く同一だった。

‣ 部屋の上下左右前後の六面は全く同じ構造になっている。

全然

부정을 강조하는 의미로 주로 사용됨. 「全く」보다 격식 있는 표현으로 보통 부정형과 호응하지만,「全然いい」처럼 긍정적인 의미로 사용되는 경우도 있음.「전혀」

‣ 親の気持なんか全然わからない。

‣ もちろん知らなくても全然大丈夫です。

‣ 藤井さんは、周囲に全然無関心のようだった。

まもなく / いずれ / そのうち

◆ **공통점:** 금방, 조만간

◆ **차이점:**

▸ (○)まもなく/(×)いずれ/(×)その内電車が参ります。黄色い線
の内側までお下がりください。

머지않아 전차가 들어옵니다. 노란색 선 안쪽으로 물러나세요.
머지않아 전차가 들어온다는 표현으로 「いずれ」 「その内」는
교체할 수 없다.

まもなく

언제 사태가 실현될지 예상도가 높음을 나타냄. 「곧, 조만간」

▸ もうまもなく帰ってくると思います。

▸ 天気予報によると、まもなく梅雨に入るそうだ。

▸ 日本人も犠牲になったテロ事件は早いものでまもなく 1 年に
なります。

いずれ

현재를 기점으로 막연한 미래를 나타냄. 「언젠가는」

▸ いずれ近いうちに再び来て、ほんとうに調査してみたいと
思っています。

▸ 考えても理由が分からない時に 「いずれ分かるだろう」と思

えるようになります。

‣あたしは横浜生まれの長男と結婚したのですが、いずれは沖縄に帰るつもりです。

そのうち

언제 사태가 실현이 될지 예상도가 낮음을 나타냄. 「가까운 시일 내에」

‣そのうちに、そうすることが楽しみになってくるはずだ。

‣あんな運転を続けているとそのうちに事故を起こすでしょう。

‣そのうちに、だんだんルビを読まなくても漢字が読めるようになるでしょう。

もし / 仮に / たとえ

◆ **공통점:** 무엇인가 가정하는 경우에 쓰이며 「만약」 「가령」의 의미
◆ **차이점:**

‣(○)もし/(○)仮に/(×)たとえ家を建てるのなら、海と山のどちらがいいですか。

만약 집을 짓는다면 산과 바다 어느 쪽이 좋아요.

「仮に」로 교체가능하나 「たとえ」는 반대되는 결과를 가정하는 표현으로 교체할 수 없다.

もし

말하고자 하는 사실이 확실하지 않는 경우에 쓰임

▶もし他の方法があれば教えてください。

▶もし化粧品をプレゼントするとしたら何がいいですかね。

▶非常に曖昧な記憶で申し訳ないのですが、もし分かる方がいたら教えて下さい。

仮に

말하고자 하는 사실을 확실하게 가정하는 경우로, 거의 불가능한 것을 전제로 말하는 경우에 사용

▶仮に若かったら、もう一度大学に行き直したいです。

▶仮に海外へ行くとしたら、フランスへ行くだろう。

▶仮に戦争が起こるとしたらどうしますか。

たとえ

반대되는 결과를 가정하는 경우에 쓰임

▶たとえ冗談でも、人を馬鹿にしたりする人はもてません。

▶たとえ30分でも私のために時間を割いてくれたということだから嬉しいわ。

▶ご協力いただけることがあれば言ってください。たとえ一つでもいいのです。

やはり / さすが / なるほど

◆ **공통점:** 예상대로 과연, 역시 그렇다는 표현

◆ **차이점:**

▸ 経験の少ない方は、(○)やはり/(×)さすが/(×)なるほど専門家に任せた方が 無難だと思います。

경험이 적은 분은 역시 전문가에게 맡기는 편이 무난하다고 생각합니다.

예상, 인식, 상식 등이 일치하는 경우「さすが」「なるほど」로 교체할 수 없다.

やはり

예상, 인식, 상식 등이 화자의 생각과 일치하는 경우에 사용하거나, 이전의 사항 또는 다른 사항과 비교했을 때 다른 것이 없음을 나타냄

▸ やはりまだいろいろ秘密があるのだろう。

▸ 珍しいことだが、やはり僕は見に行かなかった。

▸ 世間一般のサラリーマンと、やはりどこか違う感じがしたのだろう。

さすが

평판이나 기대한 대로인 것에 납득하거나, 감탄하는 기분을 나타내는 경우

▸ <u>さすが</u>見る目が違う。

▸ <u>さすが</u>十年も日本に住んでいるだけあって、日本語がうまい。

▸ 山の上でも自動ドアがあったりしたので、<u>さすが</u>スイスだな、と感心してました。

なるほど

상대방의 말을 동의하면서 자신의 의견도 동일하다는 경우에 사용

▸ <u>なるほど</u>あなたのおっしゃる通り、人が住む所じゃないですね。

▸ 不思議にそう言われると、<u>なるほど</u>そうだと思ってしまうんです。

▸ 日本の人が作ったのだと聞かされると、<u>なるほど</u>そうかと納得できる。

わざわざ / わざと

◆ **공통점:** 일부러

◆ **차이점:**

‣ お忙しい中(○)わざわざ/(×)わざとお越しいただきまして誠にありがとうございます。

　바쁘신 와중에 와 주셔서 진심으로 감사합니다.

　긍정적인 의미인 경우는 「わざわざ」, 부정적인 의미인 경우는 「わざと」이므로 이 경우는 「わざと」로 교체할 수 없다.

わざわざ

상대를 위하여 굳이 하지 않아도 되는 일을 한다는 의미로 긍정적인 이미지

‣ 心配してわざわざ電話までかけてくれたんだろうか。

‣ 引越し先までわざわざ足を運んでくださるとは思いませんでした。

‣ 今日はお忙しいところ、わざわざお越しいただきありがとうございました。

わざと

어떤 행동을 고의로 한다는 의미로 마이너스적인 이미지

‣ <u>わざと</u>負けているとしか思えない。

‣ <u>わざと</u>冗談めかして言うけれど、きっとそんな単純なものじゃ
ない。

‣ 懸命に笑顔を作り、<u>わざと</u>大声で挨拶したけれど、まったく
無視された。

わずか / 少し / ちょっと

◆ **공통점:** 조금, 약간

◆ **차이점:**

‣ <u>(○)わずか/(×)少し/(×)ちょっと</u>1日で5,000円以上値下がりし
ている。

불과 하루에 5000엔 이상 값이 내려있다.

「わずか」뒤에는 수량 명사가 오는데 「少し」「ちょっと」뒤에
는 수량 명사가 올 수 없다.

わずか

표준, 상식 등 일정 기분보다 수량이 적음을 나타내는 표현

‣ 荷物を部屋まで運んでもらう<u>わずか</u>な時間に恋に落ちたな
んて。

▸9月も残りわずかとなり、すっかり秋らしくなりました。

▸実際に私も試したがわずか20日で、皺が無くなり、肌がプルプルになる。

少し

수량이 적거나 정도가 낮음을 나타내며,「少し」뒤에는 방향을 나타내는 명사가 접속

▸もう少しお待ちください。

▸この状況を少し考えたほうがいいんじゃないかと思いますね。

▸消防車は10時少し前に到着したが、火はすでにかなり燃え広がっていた。

ちょっと

1)「少し」의 구어체 표현

▸ちょっと考えてみれば、非常にうまく行くような気がしたんだろうね。

▸父は、ちょっと驚いたようだが、ただ黙ってうなずいただけであった。

2) 관용적 표현「잠깐」「잠시」

▸まずはちょっと私の話を最後まで聞いて欲しい。

▸ちょっとここでの話なんだけど他の人には言わないでね。

5. 접속사 어휘 유의표현 분석

結局 / 要するに

◆ **공통점:** 논리가 최종적으로 결과에 이르다는 의미 「결국」

◆ **차이점:**

‣ 夕べお腹が空いていて、(○)結局/(×)要するにラーメンを食べてしまった。

어젯밤 배가 고파서 결국 라면을 먹어버렸다.

최종적인 결과를 나타내는 경우는 「要するに」로 교체할 수 없다.

結局

여러 과정을 거친 후 최종적인 결과, 결론에 이른다는 의미

‣ 怒っているのか、それとも気にしていないのか、それは結局分からない。

‣ 同じ動作を何度繰り返しても、結局は同じ結果にしかならないのだった。

‣ 買っただけで満足して、結局使わないという無駄遣いが多くなってしまいます。

앞에서 언급한 사항을 정리하여 결론에 이른다는 의미

▸ <u>要するに</u>借金を踏み倒して逃げてしまった。

▸ 社会学とは、<u>要するに</u>人間の関係学だということです。

▸ 彼は分析家でもなく主張家でもない、<u>要するに</u>解釈家だったのである。

さて / ところで

◆ **공통점:** 그런데 (화제 전환)

◆ **차이점:**

▸ <u>さて/ところで</u>もう食事の支度はできたかな。

그런데 식사 준비는 되었을까

「さて」의 경우는 화자가 식사 준비하는 것을 보면서 기다리는 상황으로 식사준비가 되었다는 판단을 한 후에 말을 이어가는 표현이다. 「ところで」의 경우는 화자가 식사 준비를 하는 것을 보면서, 직전에 전개된 화제에서 다른 화제로 전환하는 표현이다.

앞에 오는 문맥을 받아, 그것을 정리하여 말을 이어가는 표현으로 하나의 화제가 완전히 끝난 후에 다른 화제로 바꾸는 경우를 나타냄

▸ この問題は解決しましたね。<u>さて</u>次の議題は何ですか。

‣ 前の試験は90点だった。<u>さて</u>、今日の試験ではいい点がとれる
　かな。

‣ 私はどこでも出かけなければならない気がするが、<u>さて</u>ど
　こへ行こうか。

ところで

앞에 오는 문맥과는 상관없는 내용으로 화제를 전환하는 표현

‣ もうすぐ今年も終わるね。<u>ところで</u>、正月は田舎へ帰るの。

‣ 今年はいろいろなことがありました。<u>ところで</u>、お正月の
　休みにどこかへ行きますか。

‣ 今日の株価が下落して今後の景気の行方が心配です。<u>ところ</u>
　<u>で</u>、今日の為替はどうなっていますか。

しかし / だが / ところが

◆ **공통점:** 역접의 의미로 우리말의 「그러나」
◆ **차이점:**

‣ 約束の時間になった。<u>(○)しかし/(○)だが/(×)ところが</u>、彼は
　来なかった。
　약속 시간이 되었다. 그러나 그는 오지 않았다.
　앞의 사항과 반대되는 사항을 나타내므로 「しかし」 「だが」는
　교체할 수 있으나, 「ところが」로는 교체할 수 없다.

앞 사항과 반대되는 경우 또는 일부가 다른 상황이 뒤에 오는 경우에 사용

▶ 彼は優しい人だ。しかし、口が悪い。

▶ 彼は勉強はできる。しかし、スポーツは全然駄目だ。

▶ 勉強をしなかったので、今回はダメだと思っていた。しかし、思ったより点数がよかった。

だが

앞 사항과 반대되는 경우가 뒤에 오는 경우에 사용

▶ かれは努力した。だが、失敗した。

▶ 失敗した。だが、いい経験だった。

▶ 10時に会う約束をした。だが、彼は来なかった。

ところが

뒤 사항이 앞 사항과 너무 차이가 나 놀라거나 의외를 나타내는 경우

▶ 彼は強そうに見えた。ところが簡単に負けてしまった。

▶ 急に日本に出張することになった。ところが、飛行機の切符が取れない。

▶ 雨が降りそうなので傘を持って出かけた。ところが、雨はいっこうに降らない。

そして / それから

◆ **공통점:** 어떤 사항이 계속되어 하나의 사항이 되는 것을 나타 낸다. (열거)

◆ **차이점:**

▸ 彼女はきれいだ。<u>(○)そして</u>/(×)<u>それから</u>朗らかだ。

그녀는 예쁘다. 그리고 명랑하다.

그녀는 예쁘고 명랑하다는 것을 나열하여 강조하는 경우이다. 그 러나「それから」는 시간적 전후 관계만을 나타내므로 교체할 수 없다.

そして

1) 앞의 사항과 뒤의 사항이 인과관계 등 관련 있는 경우가 많으며, 어떤 사항을 나열하여 강조해서 말하는 경우에도 사용.「그리고」

▸ 市役所へ行った。<u>そして</u>パスポートを更新しました。

▸ 昨日は買い物に行った。<u>そして</u>友達の家のパーティーに行っ て夜遅くまで遊んだ。

2) 시간적으로 동시성을 나타내는 경우는「そして」만 가능

▸ 非常ベルが鳴って、<u>そして</u>誰かが「火事だ」と叫んだ。

시간적 전후 관계를 나타냄.「그리고 나서」

‣ 家を出る時ときは、電気を消してくださいね。それから鍵も締めてください。

‣ 毎日飲んでいたお酒をやめました。それから体重が5キロもやせてしまいました。

‣ しばらく学業に専念するといってましたよね。それから進路を決めたいといってました。

それで / そこで

◆ **공통점:** 원인 이유를 나타내며, 우리말「그래서」에 해당
◆ **차이점:**

‣ 毎日残業をしています。(○)それで/(×)そこで毎晩遅く帰ります。
　매일 잔업하고 있습니다. 그래서 매일 밤늦게 집에 갑니다.
　문말이 현재형이므로「そこで」로 교체할 수 없다.

それで

상황 또는 장면을 나타내며 화제를 전환하는 경우로, 전항이 원인이 되어서 후항이 성립하는 경우

‣ 朝寝坊した。それで仕事に遅れたんだ。

‣ 雪が降りました。それで欠航になりました。

‣ 山田は昨日花子と喧嘩した。それで機嫌が悪いのだ。

そこで

원인, 이유를 인정하고 화제를 전개하는 경우로, 전항이 완료된 시점에서 후항의 동작을 한 경우

▸ 今朝頭が痛かった。<u>そこで</u>、医者のところへ行った。

▸ ゆうべはお酒を飲みすぎた。<u>そこで</u>、薬を飲むことにした。

▸ 何度読んでも意味がよく分からない。<u>そこで</u>、辞書を引いて調べてみた。

それでは / それなら

◆ **공통점:** 그러면, 그렇다면

◆ **차이점:**

▸ 質問ありませんね。<u>(○)それでは/(×)それなら</u>、終わりましょう。

질문 없군요. 그러면 끝냅시다.

새롭게 다른 상황을 전환하는 경우 「それなら」로 교체힐 수 없다.

それでは

앞의 내용을 인정하고, 새롭게 다른 상황으로 전환하는 표현. 「그러면」

▸ <u>それでは</u>さっそくですが、仕事の話にしましょう。

▸ レポートは出しましたね。<u>それでは</u>、終わりましょう。

▸ <u>それでは</u>自分の今までの人生は一体何のためにあったのか。

앞에 내용을 인정하고, 의견, 판단 등을 말하는 표현.「そうだなら」

▸A: 代表者を決めなければならない。

　B: それなら、私は橋本さんを推薦します。

▸どうしても眠れない、それなら起きて好きな本でも読めば
　いい。

▸ギョーザ単品でも650円前後ですね。それならギョーザ食べ
　放題がオトクです。

それとも/あるいは/または/もしくは

◆ **공통점:** 또는

◆ **차이점:**

▸コーヒー? (○)それとも/(×)あるいは/(×)また/(×)もしくは紅茶?
　의문이나 질문의 경우에는「あるいは」「または」「もしくは」
　로는 교체할 수 없다.

それとも

회화체에서 자주 쓰이며, 의문의 내용에 주로 사용.「그렇지 않으면」

▸紅茶がいいですか。それとも、コーヒーのほうがいいですか。

▸あなたは給料を重視しますか。それとも、休暇を重視しま
　すか。

▸科学の進歩は人類に幸福をもたらすのか、それとも、不幸を
　もたらすのか。

または

두 가지 중에 한 가지만을 선택하는 경우에 사용함. 어느 쪽이라
도 좋다는 「허가」의 경우에 사용

▸署名は、日本語か、または英語でお願いします。

▸ボールペンか、または万年筆で記入してください。

▸デジタルカメラまたはメモリカードから写真やビデオを読
み込みます。

もしくは

두 가지 중에서 어느 한 쪽을 선택하는 경우에 사용

▸私はラーメンもしくはうどんが食べたい。

▸日本語もしくは英語でサインしてください。

▸計画を変更もしくは中止する場合は、事前に変更届の書類を
提出してください。

あるいは

두 가지 중 한 가지 또는 동시에 성립되는 경우에 사용

▸ウォンあるいは円に両替してください。

▸学会では英語もあるいは日本語で話さないといけないみたい
です。

▸泣いて詫びようが、あるいはいくら慰謝料を払おうが、君の
犯した罪は消えない。

PART II

1. 동사관련 유의표현 분석

~きる /~あげる /~おわる

◆ **공통점:** 다~하다, 끝까지~하다(동작, 행위의 완료)

◆ **차이점:**

▸ 小説を読み<u>きった</u>/<u>あげた</u>/<u>おわった</u>。

「~きる」: 소설을 마지막 페이지까지 다 읽고 남은 부분이 없음

「~あげる」: 소설책을 만족스럽게 다 읽었다는 뜻

「~おわる」: 소설을 읽는 행위가 종료되었음을 나타냄

◆ 비교 특징

~きる

동작이나 행위를 끝까지 다 한다는 완료의 의미로, 전항동사의 동작이 완료되었을 때 대상이 남지 않은 것을 나타냄

‣ 品物を売り<u>きった</u>。(何も残っていない)

‣ この本を読み<u>きった</u>。(もう読むページがない)

‣ ペンキを使い<u>きった</u>。(容器の中にペンキがない)

● 어떤 상태의 한계에 도달했음을 나타냄

‣ 娘は疲れ<u>きって</u>学校から帰ってきた。

‣ 長い病院生活を送った祖父はすっかり体が弱り<u>きって</u>いた。

~あげる

그 동작, 행위를 만족스럽게 다 해낸다고 하는 완료의 의미로, 전항동사의 동작이 완료되었을 때 그 동작의 결과로 눈에 보이는 형태로 뭔가가 남아 있다는 것을 나타냄

‣ 10万円売り<u>あげた</u>。(売り上げ金がある)

‣ 1日で5冊読み<u>あげた</u>。(読み終わった本がある)

‣ ペンキで壁を塗り<u>あげた</u>。(壁全体に塗ったペンキがある)

～おわる

동작동사에 접속해서 동작주의 의지적인 동작이나 행위가 종료되었음을 나타냄

‣ 食べおわったらまたやりましょう。
‣ 食べ物を並べおわった。
‣ 読みおわった本はもとの所に戻してちょうだい。

【보충】

‣ 彼の両親は四人兄弟を立派に育て(○)あげた/(×)きった/(×)おわった。

만족스럽게 형제를 다 키워냈다고 하는 뜻으로는「～あげる」가 적절

형제를 키우는 행위는 끝을 설정하기가 어렵고 그 종료도 설정하기 어려우므로「～きる」와「～おわる」는 부적절

‣ 車で一日中走っていて、ガソリンを全部使い(○)きった/(?)おわった/(×)あげた。

바닥을 드러내어 남은 것이 없는 경우

‣ 彼は疲れ(○)きって/(×)あげて/(×)おわって会社から帰ってきた。

어떤 상태의 한계에 도달해 있음을 나타냄

～させられる ／～させてもらう

◆ **공통점:** 동작주 이외의 상대가 어떤 사태가 실현되도록 시킨 경우

◆ **차이점:**

▶ 顔色が悪いだけで、母に薬を<u>飲まされた</u>。

▶ 頭が痛かったので、母に薬を<u>飲ませてもらった</u>。

둘 다 「주어인 동작주가 약을 먹었다」라는 의미를 가지지만,

「～**飲まされた**」: 동작주인 내 자신의 의지와는 관계없이 엄마
가 강제로 약을 먹었다고 하는 마이너스 의미

「～**飲ませてもらった**」: 동작주인 내가 바라는 것을 엄마가 허락
해서 약을 먹었다고 하는 은혜의 의미

◆ 비교 특징

> ### ～させられる

주어가 제3자의 지시나 명령에 의해 억지로 어떤 동작을 한 경우

▶ 子供は親に嫌いな野菜を<u>食べさせられた</u>。

▶ 昨日、新入生の歓迎会があって先輩に無理に酒を<u>飲まされた</u>。

▶ 疲れたので家でゆっくり休もうと思ってたのに、母にお使
いに<u>行かされた</u>。

cf) 1류동사는 「～せられる」를 「～される」로 바꿀 수 있다.

1) 감정동사나 사고동사도 가능함

감정동사 : 「悩む、驚く、がっかりする、落胆する」

사고동사 : 「考える、反省する、思案する」

→ 「悩む、驚く、がっかりする、落胆する」등 감정을 나타내는 무의지동사의 일부와 「考える、反省する、思案する」등과 같은 사고동사

▶ 大統領の突然の辞意表明には驚かされた。

▶ 彼の冷たい姿に、愛とは何かを考えさせられた。

감정을 나타내는 무의지동사의 사역수동형은 자동사의 의미와 거의 같음

▶ 大統領の突然の辞意表明には[驚かされた/驚いた]。

▶ 社長の無責任な態度には[がっかりさせられた/がっかりした]。

2) 기쁜 감정을 나타내는 동사의 경우(喜ぶ、楽しむ、うきうきする)에는 사용하지 못함

▶ 彼は彼女の一言にとても[(×)喜ばされた/(○)喜んだ]。

▶ とても素晴らしいコンサートを[(×)楽しまされた/(○)楽しんだ]。

～させてもらう

주어가 바라는 행위를 할 수 있게 된 것에 대한 은혜를 나타내며, 허락한 사람은 「に」격을 취함

▶ お腹が空いていたので、彼に美味しいものを食べさせてもらった。

▶ 試験が終わったので、母に一日中遊ばせてもらった。

▶ 還暦記念のお祝いということで、息子に海外旅行に行かせてもらった。

● 상대가 마치 허락해서 주어가 행동한 것처럼 표현하는 경우에
　도 사용함
‣ 用があるのでお先に[帰らせてもらいます/帰ります]。
‣ この辺で[終わらせてもらっても/終わっても]よろしいでしょ
　うか。

※「～させていただきます」는「～させてもらう」의 겸양표현으
　로 실지적인 의미는「する」와 같다.
‣ 今週の水曜日から休ませていただきます。(休みます)
‣ 先生の授業が終わるまで待たせていただきます。(待ちます)
‣ この仕事は今日中にやらせていただきます。(やります)

～ている /～てある

◆ **공통점:** 어떤 동작이나 작용의 결과로서의 상태를 나타냄
◆ **차이점:**
‣ エアコンがついている/つけてある。
「～ついている」: 현재 에어컨이 켜져 있다고 하는 사실(결과)에
　　　　　　　　만 초점
「～つけてある」: 누군가가 의도적으로 에어컨을 켜놓은 결과, 현
　　　　　　　　재 에어컨이 켜져 있다는 행위자에 초점

◆ 비교 특징

～ている

행위자에 주목하지 않고 단지, 현재 그렇게 되어있는 결과나 상태만을 나타내는 경우로서, 자동사에만 접속한다.

‣ エアコンが<u>ついている</u>。

‣ 授業はもう<u>始まっている</u>。

‣ 部屋の中の電気が<u>ついている</u>。

～てある

누군가가 의도적으로 어떤 행위를 한 결과, 현재 그렇게 되어 있는 결과나 상태를 나타내는 표현으로 타동사에만 접속

‣ 窓が<u>開けてある</u>。

‣ エアコンが<u>つけてある</u>。

‣ 研究室には花が<u>飾ってある</u>。

1) 주어에 의도가 있어 명확한 목적이나 이유를 나타내는 표현이 왔을 때

‣ <u>換気</u>のために窓を(○)<u>開けてあります</u>/(×)<u>開いています</u>。

2) 자연현상처럼, 의도적이지 않는 경우에는 사용할 수가 없다.

‣ 風が強かったせいか、閉めておいた窓が(○)<u>開いている</u>/(×)<u>開けてある</u>。

~てある /~ておく

◆ **공통점:** 어떤 목적을 위해 미리 어떤 행위를 하는 것으로 의지
동사에 접속함

◆ **차이점:**

▸外出する時いつでも着られるように、<u>洗濯してある</u>/<u>洗濯してお
いた</u>。

「~てある」: 동작이 행해진 결과의 상태에 초점

「~ておく」: 주어가 어떤 사태에 대비하여 해 두었다는 동작에 초점

◆ 비교 특징

~てある

형태 :「~を+他動詞+~てある」

▸旅館を<u>予約してあります</u>から、心配しないでください。

▸私は急に頭が痛くなることが多いので、頭痛薬を<u>置いてあ
ります</u>。

▸とても人気のある列車なので、3ケ月前からチケットを<u>買っ
てあります</u>。

● 동작이 완료되지 않은 의지형과 명령표현에는 사용불가

▸来週までにこのレポートを<u>(x)書いてありなさい</u>。

▸来週までにこのレポートを<u>(○)書いておきなさい</u>。

～ておく

형태 : 「～を+他動詞+～ておく」

▸今日お客さんが来るので、食べ物を作っておいた。

▸明日学校へ行くとき着られるように、洗濯しておいた。

▸ビールは冷たい方がいいから、冷蔵庫に入れておいた。

わかりました / わかっています

◆ **공통점:** 상대방의 설명이나 지시에 대해서 알아들었을 경우

◆ **차이점:**

▸これからは遅れたらもうだめだよ。

「はい、わかりました。」: 선생님의 주의에 대해서 그 뜻을 충분히
　　　　　　　　　　　이해하였음을 나타냄 : 예, 알겠습니다.

「はい、わかっています。」: 선생님의 주의에 대해서 그 뜻을 충분
　　　　　　　　　　　히 알아들었으니 이제 그만 말씀하시
　　　　　　　　　　　기를 바란다는 의미 : 예, (이미 충분
　　　　　　　　　　　히) 알고 있습니다.

◆ 비교 특징

わかりました

A: 明日の朝お迎えに参ります。

B: はい、わかりました。

A: 明日のテストに遅れたらだめだよ。

B: はい、わかりました。

A: これからはちゃんと課題出してね。

B: はい、わかりました。

わかっています

A: 今日の掃除はあなたの番だよ。

B: はいはい、わかっています。

A: 自分が食べたのはちゃんと自分で片付けるんだよ。

B: はい、わかっています。

A: 受験生だから遊ばないで一生懸命に勉強するんだよ。

B: それぐらいは、わかっています。

～てくれる /～てもらう

◆ **공통점:** 화자를 위해서 어떤 행위를 해주는 경우로서, 이익이
　　　　　　나 은혜를 받음

◆ **차이점:**

▸ 夜中に胃けいれんが起こったが、[医者が早く来てくれて助
かった/医者に早く来てもらって助かった]。

「医者が早く来てくれて助かった」: 동작주인 의사(が)의 의지에
　　　　　　　　　　　　　　　 의해 와 주었다는 의미로, 「
　　　　　　　　　　　　　　　 감사」의 느낌이 강함

「医者に早く来てもらって助かった」: 화자의 요청에 의해 의사(に)
　　　　　　　　　　　　　　　　 가 와 주었다는 의미로, 어디
　　　　　　　　　　　　　　　　 까지나 화자 중심적 표현

◆ 비교 특징

～てくれる

화자 이외의 제 3자(청자포함)가 주어인 경우로, 화자(화자측 사
람)에게 이익이나 은혜를 주는 경우

▸ 母が服を洗ってくれた。

▸ 息子が誕生日にバラを買ってくれた。

▸ 父が誕生日のプレゼントに時計を買ってくれた。

1) 주어의 무의지적인 행위를 은혜적으로 나타낼 경우
- やっと春が来て(○)くれた/(×)もらった。
- 子供が寝ていて(○)くれた/(×)もらったので、買い物に行けた。

2) と절과 たら절을 포함하는 복문, 화자의 의뢰나 부탁이더라도 동작주의 자발성을 강조하는 경우
- 彼に電話したら(/すると)すぐに来て(○)くれた(×)もらった(○)もらえた。

~てもらう

주어가 제3자(に)에게 부탁을 하여 그 행위를 실현한 경우
- 息子にチケットを買ってきてもらった。
- 私は日本の友達に日本料理の作り方を教えてもらった。
- 昨日家事で忙しかったが、実家の母にきてもらって助かった。

1) 실제로 동작을 하는 사람은 に격으로 의지가 있는 것에 한정되나 기계류 등의 의인화인 경우도 가능
- 複雑な計算は、このコンピュータにやってもらおう。

2) 동작주가 カラ격도 가능한 경우
「送る、届ける」나 「教える、ほめる、話しかける」등의 물건이나 지식 등이 상대측에서 화자측으로 이동하거나 전해지는 경우
- 友達に/からメロンを送ってもらった。
- 先生に/から日本語の文法について教えてもらいました。

3) 「의뢰」의 경우에는 가능의 형태를 취함

‣ ちょっと教えて<u>もらえますか</u>。

‣ ちょっと待って<u>もらえますか</u>。

～てください ／～ていただきます

◆ **공통점:** 요구표현

◆ **차이점:**

‣ ちょっと<u>待ってください／待っていただきます</u>。

「～<u>待ってください</u>」: 상대에게 기다려 줄 것을 직접적으로 요구
하는 표현

「～<u>待っていただきます</u>」: 상대에게 기다려 줄 것을 정중하게 요
구하는 간접표현

◆ 비교 특징

～てください

의뢰나 명령과 같은 직접적인 요구표현

‣ 今週の水曜日から<u>休んでください</u>。

‣ この仕事を今日中に<u>やってください</u>。

‣ 先生の授業が終わるまで<u>待ってください</u>。

～ていただきます

정중하게 지시하는 간접적인 요구표현

▸ まず、ここで着替え<u>ていただきます</u>。診察はその後で行います。

cf) 의뢰나 부탁의 의미가 강해지면 가능표현이나 희망의 조동사
　　와 같이 사용하기도 함

▸ 先輩、レポートを出したいんですが、ちょっと<u>見ていただけませんか</u>。

▸ すみません、もう少し席を詰め<u>ていただきたいんですが</u>。

～てほしい / ～てもらいたい / ～てください

◆ **공통점:** ～해 주었으면 한다는 화자의 바람을 나타냄

◆ **차이점:**

▸ 今回の契約についてもう一度話し<u>てほしい/てもらいたい/てください</u>。

「～てほしい」: 상대에게 자신의 바람을 간접적으로 나타냄으로서
　　　　　　　비교적 약하게 무엇인가를 부탁할 때

「～てもらいたい」: 상대에게 무언가를 해 줄 것을 비교적 강하
　　　　　　　게 부탁할 때

「～てください」: 상대에게 무엇인가를 해 줄 것을 의뢰하거나 직
　　　　　　　접적으로 지시 및 명령할 때

→ 부탁의 강도는 「～てほしい」 → 「～てもらいたい」 → 「～て
　くください」

◆ 비교 특징

~てほしい

화자의 희망이나 바람을 나타냄

1) (私は) 人に/には~てほしい

‣ 息子にこの映画を見てほしいと思う。

‣ 今度の学会には、たくさんの人に来てほしい。

‣ 両親には、いつまでも元気で長生きしてほしい。

2) (私は) 事態が~てほしい

‣ 冬は雪がもっと降ってほしい。

‣ 彼の愛がずっと続いてほしい。

‣ 私の好きな夏が早く来てほしい。

(1) 부정형

① 「~ないでほしい」: 「~しないでください」라는 의뢰표현

(제발)~하지 말아주세요.

‣ 子供には、危ないところでは遊ばせないでほしいです。

② 「~てほしくない」: 최소한의 도리나 바람을 나타내는 경우에 사
용(~하지 않기를 바람)

‣ そのことだけは彼にしてほしくないね。

‣ 恋人にまで、そんなことを言ってほしくないね。

(2) 간접적인 의뢰표현

‣ ガラスなので、気をつけて扱ってほしいんですが。

‣ 私が必要な時は、いつでも早く来てほしいんだけど。

(3) 제 3자의 바람을 나타낼 때는 「~ようだ、そうだ、らしい」
　　와 함께 사용

‣ 木村さんは森さんに手伝ってほしいようだ。

～てもらいたい

- 타인에게 뭔가를 바라거나 의뢰하는 표현
- 「~てほしい」보다는 강한 바람을 나타냄

‣ ちょっと運んでもらいたい。

‣ 彼にこの映画を見てもらいたいと思う。

‣ 息子にこの本を読んでもらいたいと思う。

1) 무의지적인 자연현상에는 「~てほしい」가 자연스러움

‣ もっと雪が降ってもらいたい。(?) → 降ってほしい。

2) 윗사람이나 정중하게 부탁할 경우에는 「~ていただきたいん
　　ですが」사용

‣ 辞書を貸していただきたいんですが。

～てください

사람에게 무언가를 의뢰하거나 가볍게 지시 및 명령할 때에 쓰임

▸来週までに課題を出してください。

▸今学期の授業は全部出席してください。

▸授業中はできるだけスマートフォンを使わないでください。

～た /～ている

◆ **공통점:** 동작, 상태가 이미 실현되었음을 나타냄

◆ **차이점:**

▸あの人は結婚した/結婚しているそうです。

「～た」: 말하는 시점 이전에 결혼을 했었다는 사실만을 나타낼 뿐
으로, 지금은 결혼한 상태인지 아닌지 모름

「～ている」: 말하는 시점이전에 결혼을 했고, 지금도 여전히 기혼
상태임을 나타냄

◆ **비교 특징**

～た

말하는 시점 이전에 어떠한 동작이나 상태가 완료되었음을 나타
냄(과거)

▸昨日の残業で疲れた。

▸昨夜はひどい雨が降りましたね。

▸その件についてはみんなで話し合った<u>た</u>から、もう大丈夫で
しょう。

～ている

말하는 시점에서 이미 그러한 동작이나 상태가 완료되어 있으며,
현재도 그 효과나 영향이 고스란히 남아 있음을 나타냄(결과의
잔존)

▸昨日の残業で疲れ<u>ている</u>。

▸その件についてはみんなで話し合っ<u>ている</u>から、もう大丈
夫でしょう。

cf)「～ていた」는 그 당시의 상태지속을 나타냄

▸昨夜はひどい雨が降っ<u>ていましたた</u>ね。

【보충】

▸あ、家の前に車が<u>止まった/止まっている</u>。

「～止まった」: 화자가 차가 멈추는 것을 지금 본 경우
              → 차가 멈추었다.

「～止まっている」: 사태의 실현상태나 과정을 모르며, 결과의 상
                  태만을 본 경우
                  → 차가 멈춰져 있다.

▸もうご<u>飯食べた</u>?의 질문에 대한 대답

A: <u>食べていない</u>。: 현시점까지 아직 동작이 완료 되지 않은 경우
                      → 아직 안 먹었다.

B: 食べ**ない**。: 화자가 먹을 의지가 없다는 의미

　　　　　　　　→ 안 먹는다.

～たあげく ／～た末に

◆ **공통점**: ～한 끝에

◆ **차이점**:

▸さんざん悩んだ**あげく/末に**、**彼女**には電話で謝ることにした。

「～たあげく」: 전화로 사과하기까지 정신적으로 부담이 될
　　　　　　　정도로 고민이 극심했다고 하는 화자의 감정
　　　　　　　이 섞인 기분

「～た末に」: 전화로 사과하기까지 고민이 많았다고 하는 객관적
　　　　　　인 사실만을 나타내고 있을 뿐임

◆ **비교 특징**

～たあげく

- 앞 사건의 과정을 거쳐, 그것에 의해 주절의 결과가 발생하는
  경우로서, 그 과정이 정신적으로 상당한 부담이 되거나 피해가
  되는 경우가 많으며 주로 화자의 감정에 섞여서 나타남
- 마이너스 평가, 문장체・회화체

▸さんざんお酒を飲んだ**あげく**に入院することになった。

▸彼らは夫婦げんかを繰り返した**あげく**にとうとう離婚した。

‣ この議題について何日間も議論した<u>あげく</u>、とうとう結論は
出せなかった。

～た末に

- 어떤 경과에서 결과에 이르기까지 긴 과정을 거쳤다고 하는 객
관적인 사실만을 나타내는 경우
- 플러스・마이너스 둘 다의 평가, 문장체

‣ よく考え<u>た末に</u>、彼女と結婚することにした。

‣ あの車は一キロ暴走し<u>た末に</u>、ようやく止まった。

‣ 一週間熟考し<u>た末に</u>新しい計画を思いついた。

～たほうがいい /～(する)ほうがいい

◆ **공통점:** 상대에 대한 어떤 제안이나 조언을 나타냄

◆ **차이점:**

‣ 海外より国内旅行を<u>した/するほうがいい</u>ですよ。

「～したほうがいい」: 해외보다는 국내여행을 하는 것이 더 좋다
는 조언이나 충고의 의미를 나타냄

「～するほうがいい」: 해외와 국내여행 중에서 국내를 선택하는
정도의 비교를 나타냄

◆ 비교 특징

～たほうがいい

화자가 청자에 대해서 조언·충고·허가·권유를 행할 때 사용하는 표현

- ▶疲れたら、早く寝たほうがいいですよ。
- ▶早く行ったほうがいいですよ。授業に遅れます。
- ▶肉だけじゃなくて、野菜も食べたほうがいいですよ。

～（する）ほうがいい

단지 비교를 나타낼 뿐이며, 조언 및 충고의 의미는 약함

- ▶日曜日は出かけるより家にいるほうがいい。
- ▶私が話すより、貴方が直接話すほうがいいと思う。
- ▶A: 今日勉強するのと明日勉強するのとどちらがいいですか。
  B: 今日勉強するほうがいいじゃないの。

【보충】

- ▶(風邪を引いた時は)病院に行くほうがいい。(일반론)
- ▶(風邪を引いた人に)病院に行ったほうがいいですよ。

  (구체적·개별적)

- ▶先生、論文は早く提出したほうがいいです。(×)
- ▶先生、論文は早く提出したほうがいいでしょうか。(○)

윗사람에게 조언·충고를 해주는 것은 실례이나, 조언 등을 요구하

는 것은 괜찮으며, 「でしょう」로 나타내면 보다 정중한 표현이 됨

▶ 今はテスト期間なので、遊ばない方がいいですよ。
▶ 子供にはこのドラマを見せない方がいいと思う。
「~たほうがいい」의 부정형은 「~なかった方がいい」가 아닌 「
~ない方がいい」이다.

▶ もうちょっと早めに彼に出会ったほうがよかったなあ。(○)
▶ もうちょっと早めに彼に出会うほうがよかったなあ。(×)
「~たほうがよかった」는 후회나 불만의 의미

~ようと思う /~ようとする

◆ **공통점:** 어떤 사항을 실현시키려고 하는 의지가 있음
◆ **차이점:**
▶ A: もしもし、木村ですが。
▶ B1: ああ、木村さん、今お電話しようと思っていたところでした。
▶ B2: ああ、木村さん、今お電話しようとしていたところでした。
「今お電話しようと思っていたところでした」:
전화를 해야지 하고 생각만 한 경우
「今お電話しようとしていたところでした」:
마음먹고 행동으로 옮기려고 한 경우

◆ 비교 특징

～ようと思う

어떤 행동으로 이행하지도 않았을 뿐만 아니라 아예 동작을 시도하지도 않은 경우

- 私は明日大阪へ行こうと思います。
- 私はもう少し残って勉強をしようと思います。
- 日本に帰っても韓国語を忘れないように、今後も勉強し(x)ようとしている/(○)ようと思っている。
  - → 아직 귀국한 것이 아니기 때문에 동작을 시도하고 있는 「～ようとする」는 안 됨

～ようとする

어떤 행위가 시도되었지만 아직 달성되어 있지 않은 상태나, 또는 어떤 행위가 행해지기 직전의 상태를 나타냄

- 子犬は、わたしが出かけようとすると、吠える。(직전)
- 電車に乗ろうとした時に、ドアが閉まってしまい、結局乗れなかった。(시도)
- 成績を上げるため、少しでも遊ぶ時間を減らそうとしている。(시도)

1) 무의지동사에 붙어 그 사건이 일어나기 '직전'인 것을 나타내는 경우
- 真っ赤な夕日がいま沈もうとしている。

‣ ドアが閉ま<u>ろうとした</u>時、乗客が入ってきた。

2) 부정형은「〜ようとしない」이며, 앞 문장에 역접의 조건을 나
　타내는「〜ても/〜のに」가 오기 쉽다.

‣ あの人はいくらよい助言をし<u>ても</u>、言うことを聞<u>こうとし</u>
<u>ない</u>。

‣ 彼は煙草は体に悪いと分かっている<u>のに</u>、全然やめ<u>ようとし</u>
<u>ない</u>。

3) 부정형은 청자나 제3자의 행위에 대해서 말하는 것이 보통으
　로, 자신의 행위에 대해서 말하는 경우는 거의 없으나, 다음과
　같은 종속절 안에서는 가능

‣ <u>私は</u>酒をやめようとしません。(×)

‣ <u>私が</u>一向に酒をやめようとしない<u>ので</u>、妻は怒って家を出て
　しまった。(○)

　　→ 사기 자신의 행위이지만「妻」의 시점에서 보기 때문임

2. 조동사관련 유의표현 분석

◆ **공통점:** 원인이나 이유를 나타내며, 주절의 문말에 의지표현 불가

◆ **차이점:**

▸ お前のおかげで/せいで/ためにひどい目に会った。

「〜おかげで」: 원칙적으로는 타인의 호의에 대한 감사의 기분을 나타내나, 여기서는 비꼼이나 비난의 표현

「〜せいで」: 자신이 혼난 것을 상대의 탓으로 돌리는 경우

「〜ために」: 상대를 위해서(원인으로) 자신이 아주 혼났다는 인과관계를 나타냄

◆ **비교 특징**

〜おかげで

- 그 앞에 오는 사람이나 사항에 대해서 감사의 기분을 표현
- 문말에 의지표현 불가

▸ 先生のおかげで就職できた。

▸ 努力したおかげで彼は目的を達した。

▸ 先輩が手伝ってくれたおかげで、セミナーが無事に終わった。

● 바람직하지 못한 일이 생긴 경우로서 비꼼이나 비난의 표현
‣ 赤ん坊が夜中に泣き出した<u>おかげで</u>一睡もできなかった。
‣ 君がミスをしてくれた<u>おかげで</u>、最初から全部やり直しに
 なっちゃったよ。

～せいで

- 그 앞에 오는 사람이나 사항에 대해서 비난이나 유감스러운 기
 분을 나타냄
- 문말에 의지표현 불가
‣ チケットを忘れた<u>せいで</u>、その会場に入れなかった。
‣ 私のミスの<u>せいで</u>、チームは負けてしまった。本当に悔しい。
‣ 料理に砂糖を入れた<u>せいで</u>、味が台無しになってしまった。

～ために

- 형태는「명사+のために」「た形+ために」이며, 이 경우「に」는
 생략가능
- 원인이나 이유를 나타내는 경우로서, 주절과 종속절의 인과관계
 나 사실관계를 논리적으로 말할 때 사용
- 의지・무의지동사 둘 다 올 수 있으며 문말에 의지표현 불가
‣ 過労の<u>ため</u>一週間の休暇を取りました。
‣ 風が強かった<u>ために</u>飛行機の出発がキャンセルされた。
‣ 去年の夏は雨が少なかった<u>ために</u>、果物は不作だった。

1) 이익

▸家族のために頑張っている。

▸子供のためには自然のあるところで暮す方がいい。

2) 목적

의지동사가 오며, 문말에 의지표현가능

▸ヨーロッパを旅行するために貯金をした。

▸病気を治すために、薬を飲まなければならない。

【보충】

▸先生の(○)おかげで/(×)せいで/(×)ために合格できた。

　합격할 수 있었던 것에 대한 감사의 기분

▸わがままな姑のせいで、彼女は離婚した。

　원망이나 비난의 표현

▸お前のために働いているんだよ。

　사항에 대한 원인이나 이유

※「～ために」는 인과관계나 사실관계를 말할 때 사용하므로, 주

　절내용이 판단, 명령, 의뢰, 의지 등의 표현은 불가

▸(×)大雪のために、今日の旅行は中止でしょう。(판단)

▸(×)大雪のために、傘を持っていきなさい。(명령)

▸(×)胃けいれんが起きたために、学校を休ませてください。

　(의뢰)

▸(×)胃けいれんが起きたために、学校を休もうと思う。(의지)

※ 단, 목적의 경우에는 문말에 명령표현도 가능

▶ 急用ができた<u>ために</u>午後の会議は<u>休ませてください</u>。(×)

▶ 彼女を守る<u>ために</u>頑張ってください。(○)

～が～たい / ～を～たい

◆ **공통점:** 화자의 희망이나 요구를 나타냄

◆ **차이점:**

▶ コーヒー<u>が</u>飲み<u>たい</u>/コーヒー<u>を</u>飲み<u>たい</u>。

「～が～たい」: 마시고 싶은 것은 오로지 커피뿐이라는 대상에 중
점을 둔 표현(커피이외엔 불가능)

「～を～たい」: 뭔가를 마시고 싶다는 동작에 중점이 있으며, 단지
그 대상이 커피임을 나타냄(커피이외에도 가능)

◆ 비교 특징

> ~が~たい

화자가 요구하는 구체적인 대상물에 중점

▶ 今日はこのドラマ<u>が</u>見<u>たい</u>。

▶ ああ、暑い。冷たい水<u>が</u>飲み<u>たい</u>ですね。

▶ ちょっと元気がない。何かスタミナがつくような食べ物<u>が</u>食べ
<u>たい</u>。

1) 제 3자의 희망을 나타내는 경우

▸<u>恵子さんはメロンが食べ(x)たい/(○)たいそうです</u>(らしいで
す、と言っています)。

▸<u>恵子さんはメロン(○)を/(x)が食べたがっています</u>。

  cf) <u>恵子さんが読みたい本は売り切れになっています</u>。

  (명사수식 절인 경우에는 「たい」도 가능)

2) 청자를 주어로 해서 희망을 물을 경우

→ 윗사람에게나 친하지 않는 사람에게 「~たい」를 사용하는 것
  은 부자연스러움, 「그렇게 ~하고 싶니?」라는 의미가 됨

▸<u>先生は学会の懇親会に参加したいですか</u>。(x)

▸<u>先生は学会の懇親会に参加されるご予定ですか</u>。(○)

～を～たい

화자가 요구하는 전체적인 동작에 중점

▸<u>私は温かいお茶を飲みたい</u>。

▸<u>今日の夕飯は肉じゃがを作りたい</u>。

▸<u>今日はテニスをやりたい</u>。

■ 「～を～たい」를 쓰는 편이 자연스러운 경우

1) 명사+동사의 결합이 강한 경우

▸<u>今日こそはアイロンをかけたい</u>。

▸<u>東京にいる友達に電話をかけたい</u>。

2) 희망의 대상이 사람인 경우

‣ 今度の懇親会に<u>先生を呼び</u>たい。

‣ 春の祭りに<u>彼を連れて行き</u>たいのですが、かまいませんか。

3) 동사 뒤에 보조동사가 접속되어 있는 경우

‣ あの有名な喫茶店の<u>コーヒーを飲んでみ</u>たい。

‣ みんなが来る前に、<u>サンドイッチを食べてしまい</u>たい。

4) 복합동사에 접속하는 경우

‣ 私は<u>車を買い替え</u>たいと思っています。

‣ 明日までに、この<u>レポートを書き終え</u>たいと思っています。

5) 대상과 동사의 거리가 떨어져 있는 경우

‣ スターバックスで<u>コーヒーを</u>ゼミの先輩たち<u>と飲み</u>たい。

‣ 久しぶりの<u>休暇を</u>家族と旅行しながら<u>過ごし</u>たいです。

6) ヲ격이 행위의 대상이 아닌 경우

‣ <u>空を/(x)が飛び</u>たい。

‣ <u>家を/(x)が出</u>たい。

～そうだ /～らしい /～ようだ /～みたいだ

◆ **공통점:** 어느 근거에 바탕을 두어 화자가 판단해서 상상하는
  표현
◆ **차이점:**

‣ 午後は雨が降<u>りそうだ</u>/降<u>るらしい</u>/降<u>るようだ</u>/降<u>るみたいだ</u>。

「～**降りそうだ**」: 구름이 밀려오는 등의 외관을 보고 직감적으로
  막연하게 추측

「～**降るらしい**」: 일기예보나 남에게서 들었거나 처럼, 어떤 근거
  를 가지고 추측

「～**降るようだ**」: 다리가 욱신거리거나 하는 체험이나 경험에 의
  한 추측

「～**降るみたいだ**」:「～**ようだ**」와 의미용법은 같으나 매우 회
  화체적

◆ 비교 특징

```
～そうだ
```

화자가 외관으로부터 받는 느낌이나 징조를 나타내는 경우와, 그
사태가 일어나는 가능성을 나타내는 경우가 있음

‣ この映画はおもしろ<u>そうだ</u>。
‣ このチーズケーキはおいし<u>そうだ</u>。
‣ (麻酔状態から覚めると手術の跡がとても痛い)あ、苦しい。
  死に<u>そうだ</u>。

● 「~そうだ」의 부정형

a.형용사: ~い → 「~くなさそうだ/~そうじゃない」

(店の様子を見ながら)どうもこの店の料理はおいしく<u>なさそ</u>
<u>うだ</u>。

A : これ見て。洋子が作ったんだよ。おいしそうでしょう。

B : ええ~っ。ぜんぜんおいし<u>そうじゃない</u>よ。

b.동사: する → 「しなさそうだ/しそうに(も)ない」

A. 雨が降ら<u>なさそうだ</u>。

: 외관을 보고 직관적으로 판단

B. 雨が降り<u>そうにもない</u>。

: 누군가가 말한 것이나 들은 것에 대해서 그것을 부정함

~らしい

화자가 남에게 듣거나 또는 구체적인 상황을 접하는 등, 객관적인
근거를 토대로 추측하는 경우

▸ 天気予報によると明日は雨<u>らしい</u>。

▸ 木村は恵子のことをあきらめた<u>らしい</u>。あれから何も言っ
てこないから。

▸ 妹はどうも面接がうまくいかなかった<u>らしく</u>、帰ってくる
なり部屋に閉じこもってしまった。

～ようだ

체험적・경험적 판단에 바탕을 둔 화자의 주관적인 판단에 의한 추량

‣ 部長は今日は来ないようだ。

‣ 彼は大学に合格して嬉しいようです。

‣ 木村さんはゆうべ家に帰らなかったようだ。

～みたいだ

「～ようだ」의 구어체로서, 의미용법이 같지만 주로 친한 사이나
회화체에서 사용

‣ 真坂さんは甘いものが好きみたいだ。

‣ 今度発売された小説は評判がすごくいいみたいだよ。

‣ 電気が付いていない。田中さんはもう寝たみたいだ。

【보충】

‣ このチーズケーキはおいしそうです/おいしいようです。

「おいしそうです」: 외관에 대해서만 표현한 경우

「おいしいようです」: 잘 팔렸다든지, 맛있게 먹은 경험이 있다든
지 하는 어떤 화자의 체험을 토대로 판단한
경우

→ このチーズケーキはおいしそうですが、実はおいしくあり
ません。(○)

このチーズケーキはおいしいようですが、実はおいしく
ありません。(×)

▸本人に聞いたんですが、村山さんは来週横浜へ引っ越すそう
です<u>です</u>よ。(정보원이 명확한 경우)

▸<u>うわさによると</u>村山さんは来週横浜へ引っ越す<u>らしいです</u>
よ。(정보원이 불명확한 경우)

～なければならない /～なければいけない

◆ **공통점**: ～하지 않으면 안 된다, ～해야만 한다.
　　　　　　행위나 사항에 대한 의무 및 필요를 나타냄

◆ **차이점**:

▸毎日、牛乳を飲まなければ<u>なりません/いけません</u>。

「**～なければなりません**」: 예를 들어 의사에 의한 객관적인 주의
　　　　　　　　　　　　　사항을 나타냄

「**～なければいけません**」: 우유가 몸에 좋을 것이라는 개인의
　　　　　　　　　　　　　주관적인 생각이나 판단에 의한 것임
　　　　　　　　　　　　　을 나타냄

◆ 비교 특징

～なければならない

자기 자신이나 상대의 행위나 사항에 대한 의무 및 필요성을 나타
내며, 어떤 규칙이나 의무사항 등을 객관적으로 나타냄(약간 딱딱
하고, 격식 차린 표현)

▸私は午後学校に行か<u>なければならない</u>。

▸君は明日までレポートを出さ<u>なければならない</u>。

▸親は子供を守ら<u>なければならない</u>。

～なければいけない

개인적인 생각이나 판단에 의하여 그렇게 할 것을 주관적으로
나타냄

▸明日からテニスすることにしたから、早く起き<u>なければいけません</u>。

▸その次からはあなたが自分でできるように努力し<u>なければいけません</u>。

▸明日はどんなことがあっても学校に来<u>なければいけません</u>よ。分かった。

【보충】

▸日本では車は左側通行をしなければ<u>(○)ならない/(×)いけない</u>ことになっている。

　도로교통법에 의한 객관적인 규칙을 나타냄

▸食事の前には手を洗わなければ<u>(○)いけません/(×)なりません</u>。

　어머니가 아이에게 주관적인 생각에 의해 주의를 주는 경우

~ざるをえない / ~ないではいられない

◆ **공통점:** 행위가 불가피한 것을 나타냄

◆ **차이점:**

▸ 今はお酒を飲まざるをえない/ないではいられない。

「飲まざるをえない」: 사정이나 형편 등 외적인 요인에 의한 불가피함을 나타냄

→ 今夜は得意先の接待なので、お酒を飲まざるをえない。

「飲まないではいられない」: 감정이나 신체적인 욕구 등 내적인 요인에 의한 불가피함을 나타냄

→ 今夜は寂しさがつのって、お酒を飲まないではいられない。

◆ 비교 특징

> **~ざるをえない**

- 외적인 압력 혹은 화자자신이 종합적으로 판단해서 그렇게 하는 것 이외에는 선택지가 없다는 소극적 의미
- 주로 문장체에 사용되나 딱딱한 회화체에도 사용

▸ 課長に言われたことだからやらざるを得ない。

▸ 明日は休みだが、仕事があるから、会社に行かざるをえない。

▸ A: どうして君がやるの。

  B: だって、他にやる人がいないから私がやらざるをえないんだ。

1) 주로 의지동사와 접속하며, 변화를 나타내는 표현에서는 무의
   지동사에 접속하는 경우도 있음
   ▸テストが明日なので<u>勉強せざるを得ない</u>。
   ▸すべてに見すてられた、という絶望的な気持になら<u>ざるを</u>
   <u>得ない</u>のである。

2) 부사 「結局は、最終的に」등과 접속
   ▸やる人がいないので、<u>結局</u>は彼女が片付け<u>ざるを得ない</u>。
   ▸私に間違いがあるなら、<u>最終的に</u>私が責任を負わ<u>ざるをえ</u>
   <u>ない</u>。

～ないではいられない

- 자기 자신의 의지력으로는 누르지 못하고 자연적으로 그렇게 해
  버린다는 화자의 기분
- 인간의 행위나 사고·감정의 움직임을 나타내는 동사가 사용됨
  ▸こんな悲しい映画を見たら、泣か<u>ないではいられない</u>。
  ▸困っている人を見ると、声を掛け<u>ないではいられない</u>。
  ▸あの人の人生の話を聞いていたら、誰だって感動し<u>ないでは</u>
  <u>いられない</u>。

● 부사 「どうしても、なぜか、つい、思わず」등과 접속
  ▸泣いている子供を見ると<u>なぜか</u>話しかけ<u>ないではいられな</u>
  <u>い</u>気がする。
  ▸黙っていたほうがいいとは思ったが、<u>どうしても</u>一言言わ
  <u>ないではいられなかった</u>。

～にちがいない /～だろう /～かも知れない /～かねない

◆ **공통점:** 추측표현

◆ **차이점:**

▶明日は雨が<u>降るにちがいない</u>/<u>降るだろう</u>/<u>降るかも知れない</u>/<u>降りかねない</u>。

「<u>降るにちがいない</u>」: 화자자신의 경험을 바탕으로 한 꽤 강한 직감적인 추량이나 확신

「<u>降るだろう</u>」: 어떠한 판단의 근거에 입각한 화자의 추측

「<u>降るかも知れない</u>」: 화자의 임의적인 추측으로 즉, 비가 안 올 수도 있다는 것을 암시

(こんなに<u>雲が続いては、</u>)<u>降りかねない</u>」:

비가 안 오기를 바라는데 이렇게 구름이 계속되다가는 내일은 비가 올 지도 모른다는 것에 대한 추측

◆ 비교 특징

| ～にちがいない |

객관적인 증거나 논리적인 추량이 아니고, 화자자신의 경험 등에 바탕을 둔 꽤 강한 직감적인 추량이나 확신을 나타냄

▶この絵、すばらしいね。高い<u>にちがいない</u>。

▶彼を一目見て真面目な人<u>にちがいない</u>と思った。

▶あんな高い服を着ているんだから、彼女は金持ち<u>にちがいない</u>。

1) 강한 추량·확신을 나타내기 때문에 「〜と思う」와는 함께 사용 못함

▸あんな高級な車に乗っているんだから、彼女は金持ちにちがいないと思う。(×)

2) 문장체에서는 「おそらく」, 회화체에서는 「きっと、絶対に」와 함께 사용되기도 한다.

▸近い将来、あの職業はおそらく無くなってしまうにちがいない。

▸今日は天気がいいから彼はきっとテニスしに来るにちがいない。

3) 「〜にちがいない」가 「〜かもしれない」나 「〜だろう」보다 확신의 정도가 높다.

▸今朝から下痢が続いている。夕べの寿司があたったのかも知れない → のだろう → にちがいない。

～だろう

- 화자의 판단에 입각한 추측으로, 미래 일이나 불확실한 사항에 대해서 사용되며, 「〜かも知れない」에 비해 화자가 그 일이 사실이라고 생각하는 정도가 높다.
- 「たぶん、きっと」등의 부사와 함께 사용되는 경우가 많음

▸このメロンはたぶん甘いだろう。

▸あしたもきっといい天気だろう。

▶この辺は木も多いし、たぶん昼間も静かだろう。

1) 확인
상승조 억양, 상대가 동의해 줄 것을 기대하고 있다는 의미를 함축
▶A: 君も懇親会に行くだろう。
　B: はい、もちろんです。
▶A: 明日、テニスの試合があるでしょう。あなたも行くよね。
　B: はい、一緒に行きましょうか。

2) 감정의 강조
'정말~하다'의 의미로 주로「いかに、どんなに、なんて、なんと」와 함께 사용
▶あの先生ってなんて素敵でしょう。
▶(空を見ながら) ああ、なんときれいな月だろう。

3) 상대방 비난
문두에「だから」가 주로 오며 하강조임
▶A: 試験、あんまりできなかった。
　B: だから言っただろう。もっと勉強しておけって。

4) 뒤에 오는 명사를 수식할 수 없으며 자신의 생각을 나타내는
　「~と思う」와 함께 쓰임
▶あの学生が欠席するだろう場合も考えておかなければならないよ。(?)
▶そろそろ経済がよくなるだろうと思う。(○)

～かも知れない

어떤 사항이 성립할 가능성이 있다는 것에 대한 화자의 추측

‣ もしかしたら、宝くじが当る<u>かも知れない</u>。

‣ 今日は大雨なので、バスが遅れる<u>かも知れない</u>。

‣ ひょっとしたら、彼も大学に受かる<u>かも知れない</u>。

1) 상대방 의견에 동의한 후 다른 의견을 말할 경우. 주로 「<u>確か</u>
<u>に、なるほど</u>」와 함께 사용

‣ A: 大阪って、観光するようなところがほとんどありませんね。

  B: <u>確かに</u>観光地は少ない<u>かもしれません</u>。でも食べ物は美味
しいし、にぎやかな町ですよ。

2) 의문문의 형태로는 사용될 수 없으나, 뒤에 오는 명사를 수식
할 수 있으며 뒤에 「～と思う」가 오면 부자연스럽다.

‣ 今晩大雨が降る<u>かもしれませんか</u>。(?)

‣ そろそろ景気がよくなる<u>かもしれないと思う</u>。(?)

‣ あの学生が欠席する<u>かもしれない</u>場合も考えておかなけれ
ばならないよ。(○)

바라지 않는 사항이 일어날 가능성이 있다는 것을 제시한 경우로
서, 사태실현을 단정하지 않고 추측하는 경우에 사용

▶ この分ではテストの時間に遅れかねない。

- 판단재료나 그 사항을 불러일으킬 원인이 있을 법한 경우에만
  사용되며, 주로 문어체에 사용됨
▶ 台風10号は九州に上陸しかねない。(?)
  → この勢いでは、台風10号は九州に上陸しかねない。(○)
▶ 彼は体をこわしかねない。(?)
  → こんなに残業が続いては、彼は体をこわしかねない。(○)

~べきだ / ~たほうがいい

◆ **공통점:** 조언이나 제안을 할 경우
◆ **차이점:**
▶ 罪を犯したなら、罰を受ける**べきだ**。
「~**べきだ**」: 논리적이고 도덕적인 이유에서 그 행위의 타당성과
　　　　　　바람을 기술
▶ 傘を持って行った**方がいい**。
「~**た方がいい**」: 현실적이고 실제적인 면에서 그 행위의 바람을
　　　　　　기술

◆ 비교 특징

～べきだ

상대 또는, 제3자의 행위나 상황에 대해서 '그렇지 않고~하는 것이 당연하다, ~인 것이 당연하다'라고 조언이나 충고 및 의무를 나타냄

‣ 学生は勉強す<u>べきだ</u>。

‣ この仕事は担当者がやる<u>べきだ</u>。

‣ このテレビはあなたが壊したんだから、自分で弁償す<u>べき</u><u>だ</u>よ。

1) 화자자신의 사항이나 행위에는 사용불가

‣ 体が弱くなっている。私はもっと体を動かす<u>べきだ</u>。(×)

　→ 体が弱くなっている。私はもっと体を動かそうと思っている。

cf)「～べきだった」: 후회나 반성의 기분으로 화자자신에게도 사용

‣ 株が上がった。あの時買っておく<u>べきだった</u>。

‣ あんなひどいことを子供に言う<u>べきではなかった</u>。

2) 앞에는 의지동사가 오는 경우가 대부분이며, 특히 가능동사는 부자연스러움

‣ 日本で留学していたのだから、もっと日本語が<u>話せるべき</u><u>だ</u>。(×)

‣ 高額所得者はその法律案から<u>除外されるべきだ</u>。(○)

　→「そういう状態であるべきだ」의미일 경우에는 무의지동사 가능

3) 앞에 접속하는 동사가 부정의 형태로 오는 것은 불가능

▸人のことをそう簡単に<u>判断しないべきだ</u>。(×)

  → 人のことをそう簡単に判断してはいけない。

4) 긍정형을 취하는지 부정형을 취하는지에 따라 접속하는 부사
   가 달라짐

- 긍정형: 絶対に、ぜひ、ただちに、きちんと、等
- 부정형: 決して、絶対に、二度と、等

▸<u>ただちに謝るべきだ</u>。

▸同じ過ちは<u>二度と繰り返すべきではない</u>。

cf)「~なければ行けない」와의 비교

▸弁護士は依頼人のために最善を<u>尽くすべきだ/尽くさなければ行けない</u>。

「尽くすべきだ」: 그 행위를 이행할 것인지 어떤지를 동작주가 선
           택할 수 있는 경우에 사용됨

「尽くさなければ行けない」: 그 행위를 이행하는 것이 의무적으
           로 요청되는 경우를 나타냄

～たほうがいい

상대에 대한 조언이나 충고를 나타내고 의무의 의미는 없으며,
「べきだ」보다는 강도가 약함

▸冬は海より山に<u>行った方がいい</u>ですよ。

▸頭痛があるなら一日ぐらい<u>休んだ方がいい</u>よ。

▸こっちは危ないから<u>避けた方がいい</u>ですよ。

3. 명사관련 유의표현 분석

～あいだ /～あいだに /～うちに

◆ **공통점:** 동작이나 상태가 성립하는 시간적인 폭을 나타냄

◆ **차이점:**

‣子供が寝ているあいだ、お買い物に行っていた。

‣子供が寝ているあいだに/うちに、お買い物に行って来た。

「～あいだ」: 아이가 자고 있는 시간에 시장에 가 있었다는 의미
로, 동작이 계속되고 있는 것을 나타내는「行ってい
た」형태가 옴

「～あいだに」: 단지 아이가 자고 있는 동안에 시장에 갔다 왔다
는 의미

「～うちに」: 아이가 자고 있지 않는 한은 시장에 갔다 올 수 없으
므로 아이가 자고 있는 틈을 타서 시장에 갔다 왔다
고 하는 다소의 긴박감

◆ 비교 특징

～あいだ

어떤 동작이나 상태가 계속 되고 있는 시간이나 기간을 나타내며,
주절에는 그 기간 중에 계속되고 있는 상태나 동작이 계속되고 있
다는 의미

‣一生懸命ゴルフしているあいだ、嫌なことを忘れてしまう。

▸大学に通っているあいだ、ずっと横浜に住んでいた。

▸彼を待っているあいだ、本を読んでいた。

～あいだに

- 어떤 동작이나 상태가 계속되고 있는 시간이나 기간 내에, 다른 사태가 일어나거나 또는 행위를 끝내게 하는 의미
- 어떤 상태가 계속되고 있을 때, 병행해서 주절에 변화가 일어나는 경우

▸私がてんぷらを揚げている間に、夫はサラダと味噌汁まで作った。

▸私が掃除機をかけている間に、拭いてちょうだい。

▸彼と付き合っている間に、愛し合うようになった。

～うちに

이 시간이나 기간 이내가 아니면 사태가 성립할 수 없다는 화자의 강한 기분

▸若いうちに、いろんな経験をした方がいいですよ。

▸子供が出かけているうちに、友達に電話をかけた。

▸日本にいるうちに、日本語が上手になりたいです。

1) 주절에 무의지적인 동작이 올 경우

　　→「～あいだに」와 의미상의 차이가 없음

▸彼女は話しているうちに/あいだに、顔が真っ赤になった。

▸手紙を書いているうちに/あいだに、彼との楽しいことが思い出された。

2) 동사의 부정형에도 접속이 가능하나, 「～あいだに」는 불가능
▸知らない<u>うちに</u>、隣りに新しい家庭が引っ越して来た。
▸暗くならない<u>うちに</u>、散歩してこよう。

【보충】
▸私が勉強している<u>あいだ</u>、弟は(×)<u>遊んだ</u>/(○)<u>遊んでいた</u>。
　주절의 동사가 동작을 나타낼 때는「v-ている」의 계속의미
▸彼はアメリカに留学<u>していたあいだ</u>、日本人の女性と一緒に
　<u>生活していた</u>らしい。
　과거시간에 대해서 말하며, 주절에는 동작의 계속의미를 나타냄

▸母が洗濯をしている(○)<u>あいだ</u>/(×)<u>あいだに</u>、彼女は部屋にいた。
　「洗濯をしている」라는 시간 중에, 주절의「彼女は部屋にいた」
　라는 상태가 계속되고 있는 경우
▸母が洗濯をしている(×)<u>あいだ</u>/(○)<u>あいだに</u>、電話がかかって
　きた。
　「洗濯をしている」라는 시간 중에, 주절의「電話がかかる」라
　는 다른 사태가 발생
▸明日2時と3時の(○)<u>あいだに</u>/(×)<u>うちに</u>来てください。
　단지 어떤 시간의 범위만을 나타낼 때는「～うちに」는 부적절
▸忘れない(○)<u>うちに</u>/(×)<u>あいだに</u>メモを取っておこう。
　「～あいだに」는 부정표현에서는 쓸 수 없음

～ます /～のです

◆ **공통점**: 정중한 표현

◆ **차이점**:

‣午後は用事が<u>あります/あるのです</u>。

「～ます」: 단지 오후에 약속이 있다고 하는 사실을 나타낼 뿐이다.

「～のです」: 상대의 제안에 응하지 못하는 이유 설명

◆ 비교 특징

～ます

주어의 동작이나 행위의 사실만을 나타냄

‣用事が<u>あります</u>。

‣私は学校に<u>行きます</u>。

‣今日は約束が<u>あります</u>。

～のです

1) 이유

‣すみません、バスが来なかった<u>のです</u>。

‣昨日は学校を休みました。頭が痛かった<u>のです</u>。

2) 설명

‣あちらに着いたらまずご挨拶をする<u>んです</u>よ。

‣何か用事ができたらちゃんと先に連絡する<u>んだ</u>よ。

3) 납득

‣余計なことに気を回してはいけない<u>のだ</u>。

‣子供が怪我をしていた。だから泣いた<u>のだ</u>。

4) 주장

‣私はこれがいいと思う<u>んだ</u>。

‣それでも私は留学したい<u>んだ</u>。

5) 환언

‣彼女は人のものは何でもほしがる。要するに彼女はよくばりな<u>のだ</u>。

‣私が言いたいのは、緊急に対策を打たなければならないという事な<u>のだ</u>。

6) 발견

‣(掲示版を見て)あ、明日試験の結果が出る<u>んだ</u>。

‣(なくしたと思っていた財布を見つけた時)なんだ、こんなところにあった<u>んだ</u>。

7) 예고

‣先生、ご相談がある<u>んです</u>。研究室にうかがってもいいですか。

‣A: 実は私、優子さんと結婚する<u>んです</u>。

　B: それはおめでとう。

8) 인식강요

‣君は大学生なんだ。もっと勉強しなさい。

‣君はうちクラスの班長なんだ。もっとしっかりしなさい。

9) 재인식: 「んだった」의 형태로 사태에 대한 화자의 재인식

‣(会社を出ようとしたら雨だった)今日は夕方雨がふる<u>ん</u><u>だった</u>。

‣この道はよく渋滞する<u>んだった</u>。

【보충】

1) ‣雪が降って<u>いる</u>。 밖을 보고 단지 눈이 내리고 있다는 사태만 말함

　‣雪が降って<u>いるんだ</u>。 사람 옷이나 우산에 눈이 묻어 있는 것을 보고 눈이 내린다는 사정을 납득하거나 설명하는 표현

2) ‣その本はおもしろい<u>ですか</u>。 단지 그 책이 재미있는지 어떤지를 물어봄

　‣その本はおもしろい<u>んですか</u>。

상대방이 빠져서 읽는 모습이나 또는 언제나 책을 가지고 다니는 모습을 보고 재미있는지에 대한 설명을 요구하거나 확인을 하는 표현

～一方だ / ～ばかりだ

◆ **공통점:** ～하기만 한다, ～할 뿐이다.

　　　　변화를 나타내는 말과 접속해서 변화가 한쪽의 방향

　　　　으로 진행되고 있는 경우를 나타냄

◆ **차이점:**

▸ 二人の仲は悪くなっていく<u>一方/ばかり</u>だ。

「～一方だ」: 어떤 외부적인 요건에 의한 객관적인 사실로 인한 상

　　　　　　태를 나타내며 다소 문장체적인 딱딱한 말투

「～ばかりだ」: 둘 사이가 호전되지 않은 것에 대한 화자의 불안

　　　　　　한 기분을 직접적으로 나타냄

◆ **비교 특징**

> ### ～一方だ

1) 접속 :

- 名詞+の+一方だ : 少子化で最近、都心では<u>生徒数が減少の一方</u>

　　　　　　　　<u>です</u>。

- 動詞辞典形+一方だ : 有名な大学は<u>受験生が増える一方です</u>。

2) 의미 :

- 어떤 일이나 사항의 변화가 멈추지 않고 계속해서 지속되기만

　하는 상태를 나타내며, 화자의 감정은 개입되지 않으며 객관적

　인 사실을 나타냄

- 주로 문장체적

▸物価は上がる<u>一方だ</u>。

▸地球環境は、年々悪くなる<u>一方だ</u>。

▸携帯電話を使う人の数は増える<u>一方です</u>。

～ばかりだ

1) 접속 :

- 名詞+の+ばかりだ(×) → 名詞接続不可

- 動詞辞典形+ばかりだ : 祖母は体が<u>弱っていくばかりだ</u>。

2) 의미 :

- 「程度が～過ぎる」어감이 있어 마이너스 의미만을 나타내며, 좀
  처럼 긍정적으로 호전되지 않는 것에 대한 화자의 초조하거나
  불안한 느낌을 나타냄

- 주로 회화체적

▸風邪がひどくなるばかりです。

▸彼女のうつ病は悪くなるばかりでした。

▸戦争のために、国民の生活はますます苦しくなるばかりだ。

【보충】

▸今年に入り、株価は下落の(○)一方/(×)ばかりだ。

  「～ばかりだ」는 명사와는 접속 불가

▸彼はまじめ(○)一方/(×)ばかり)の人で、よく言えば仕事一筋の
  人ですが、融通の利かないところが難点ですね。

「まじめ一方」은 관용적 표현

▸うちの息子の成績は上がる(○)一方で/(×)ばかりで、とてもうれしい。

「~ばかりだ」는 마이너스 의미에만 사용

~たところだ /~たばかりだ

◆ **공통점:** 동작이 막 완료되었다는 의미

◆ **차이점:**

▸今仕事が終わったところ/たばかりです。

「~たところだ」: 지금 일이 막 끝났다는 의미로 일이 종료된 것에 초점

「~たばかりだ」: 일이 끝나서 그다지 시간이 지나지 않았다는 것에 초점

◆ **비교 특징**

~たところだ

- 어떤 동작이 이제 막 끝난 것을 나타내는 경우로서 완료된 상태나 결과를 나타냄
- 「今、たった今、ちょうど」등의 부사와 함께 사용, 주로 주관적인 감정은 배제

▸今授業が終わったところだ。

▸たった今関西空港に着いたところだ。

▸電話したら、ちょうど出かけたところだった。

cf)「〜したところで」:〜한다고 한들

▸社会を恨んだところで、どうするんだ。

▸文句を言ったところで、何にもならない。

～たばかりだ

- 어떤 동작이 끝나 시간이 그다지 지나지 않았다는 것에 초점
- 심리적인 표현의 경우가 많으며「今、さっき」등의 직전의 때를
  나타내는 부사와 함께 자주 사용됨

▸今空港に着いたばかりだ。

▸さっきご飯を食べたばかりです。

▸さっき授業が終わったばかりです。

1)「～ばかりで、～ばかりなので、～ばかりだから、～ばかり
   なのに」라는 형태로 이유나 역접을 나타내는 경우가 많다. 심
   리적인 표현

▸日本に来たばかりで、まだ何も分からない。

▸鈴木さんは入社したばかりなのに、大きな顔をしている。

2) 동작의 직후가 아니라도, 화자에 따라서 시간이 지나지 않았다
   고 느끼는 경우에도 사용할 수 있음

▸先月買ったばかりなのに、スマートフォンが壊れてしまった。

▸このカバンは一年前に買ったばかりです。

【보충】

▶ この子は昨日生まれた(○)ばかり/(x)ところです。

「~たばかりだ」: 단지 어떤 사건의 직후인 것을 나타내고, 다음
　　　　　　　　의 단계를 상정하기 힘듦

▶ 今バスに乗った(○)ところ/(x)ばかりなので、学校に着くまで
にはあと40分ぐらいかかります。

「~たところだ」: 새로운 동작이나 사건에 옮기기 전의 단계라는
　　　　　　　　뉘앙스가 있음
　　　　　　　　막 버스를 탐 → 학교에 도착이라는 과정

※「~たところだ」가 사용하기 어려운 경우 :
　「まだ」나 명확한 과거 시간부사가 동반된 경우
▶ このスマートフォンはまだ買った(x)ところ/(○)ばかりです。
▶ 一時間前に終わった(x)ところ/(○)ばかりです。

※「~たばかりだ」가 사용하기 어려운 경우 :「やっと」가 나타난 경우
▶ やっと終わったところ/(?)ばかりです。

▶ 結婚した(○)ばかりの/(x)ところの息子
「~たばかりだ」: 명사수식 가능
「~たところだ」: 명사수식 불가

▶A: どうして電話をかけてくれないんですか。
　B: いや、仕事が終わったばかり/(x)ところなんです。
　전화를 걸지 못한 이유를 심정적으로 설명

▸A: もしもし、木村さんお願いします。

B: たった今、帰ったところ/(×)ばかりです。

사토씨를 바꿔주지 못하는 이유를 나타낼 뿐이며, 시간적 직후만을 나타내고 심정을 나타내지 않았음

こと / もの / の

◆ **공통점:** ~(하는) 것, 앞에 오는 말을 명사화하는 용법

◆ **차이점:**

▸何かおもしろいこと/もの/(×)のはないかな。

「おもしろいこと」: 재미있을 만한 사항이나 일거리를 가리킴. 예를 들어, 재미있을 만한 영화 등의 이벤트 등

「おもしろいもの」: 재미있을 만한 물건. 가령, 외국여행을 갔을 때 재미있는 골동품 등의 물건 등

「おもしろいの」: 이 표현은 부자연스러우며, 「の」는 범위기 정해져 있을 때 사용되며 가령, 가게에서 「赤いのをください」라고 한다면 색깔 다른 것이 많은 것 중에서 빨간색 물건이라는 의미

◆ 비교 특징

こと

시간의 경과와 함께, 사고·언어활동·지식의 대상으로서 그 앞에는 동작이나 사건을 띤 표현이 옴

‣ 私が昨日言ったことを思い出した。
‣ 時間は十分あるから、急ぐことはない。
‣ 彼と旅行に行って体験してみたいと思っていることはありますか。

もの

시간의 경과와는 전혀 상관없이 구체적인 사물·사람을 가리키는 경우

‣ 何かすぐ食べられる物があれば、それでいい。
‣ 日本に行ってどんな物を買いましたか。
‣ 村山という者が訪ねてきたら、私に声掛けてくださいね。

● 「言う、見る、分かる」등의 동사와 함께 사용되어 '언어, 지식, 작품' 등의 의미를 나타냄
‣ うちの子がものを言うようになった。
‣ 子供がものを分かるようになった。

사물 또는 생물을 대신해서 사용되며 그 앞에는 동작성이 없거나
매우 적은 성질의 표현이 주로 옴

▸ 電気製品はこの会社のが使いやすい。

▸ この服はちょっと小さすぎます。もう少し大きいのをくだ
さい。

▸ A: 赤いくつと黒いくつ、どっちが似合う?
   B: 赤いのが似合うよ。

【보충】

▸ 自分が好きなことをしてください／自分が好きなものをとっ
てください。

「〜こと」: 좋아하는 일
「〜もの」: 좋아하는 물건

▸ 私の趣味は絵を描く(○)こと／(×)のです。
   그림을 그리는 것은 시간의 경과와 함께, 동작을 수반하는 것임

▸ この部屋にはいろいろな(○)もの／(×)ことがある。｜
   단지 물건을 나타내고 있음

▸ ちょっと君に話したい(×)の／(○)ことがある。
   「こと」는 추상적인 사항

▸ 彼の特技はゴルフをする(○)こと／(×)のです。
   「〜することだ」라는 정형화된 표현

‣ 私の家は学校のとなりにあるから、いつも子どもたちが遊んでいるのが見える。

지각동사 「見える」앞

‣ 人間は勉強する(○)こと/(×)のが必要だ。

주장, 명령, 결의 등을 나타내는 동사

‣ 大学院の試験を受ける(○)こと/(×)のを考える。

사고를 나타내는 동사의 앞

‣ 昨日来なかった(○)の/(×)ことは日高さんだ。

강조 구문(~のは~だ문)

※ 뒤에 오는 동사가 「話す、伝える、聞く」등이 와서 삽입 표현이 길어질 땐 「という」로 표현하는 것이 자연스러움

‣ 明日もし雨が降ったらピクニックが中止になる(?)こと/(○)ということを学生に伝えた。

※ 동사를 포함하는 부분이 사실인 경우, 「こと」와 「の」둘 다 가능

‣ 彼女は妊娠していること/のがわかった。

‣ 携帯が壊れていること/のに気がついた。

※ 동사를 포함하는 부분이 어떤 행위를 나타내고 「を」를 취할 경우는 「の」가 적당

‣ 友だちは私が引っ越すのを手伝ってくれた。

‣ 私は駅で彼が来るのを待っている。

※「の」가 나타내는 개념은「事」뿐만 아니라,「人、物、所、時、理由」등 여러 가지가 있음

▸私が暮した<u>の</u>は<u>東京</u>です。(장소)

▸私がアメリカに住んでいた<u>の</u>は<u>1996年</u>です。(시간)

▸このケーキがおいしい<u>の</u>は国産小麦粉を使っている<u>から</u>です。
(이유)

※ 구체적인 것을 나타낼 때 :「もの」와「の」둘 다 사용

▸最初にみてみたい<u>(もの/の)</u>はヴァン・ゴッホの絵です。

▸このブランドのバッグは私の欲しい<u>(もの/の)</u>ではありません。

～のではない /～わけではない

◆ **공통점:** ～(하는) 것은 아니다. 부분부정을 나타냄

◆ **차이점:**

▸あなただけが悪い<u>のではない/わけではない</u>。

「**のではない**」: 당신만이 나쁜 것은 아니다 라는 사실에 관한 설명

「**わけではない**」: 당신만이 나쁘다는 그런 상황의미는 아니니 괜
찮다는 감정이 이입

◆ 비교 특징

～のではない

- 어떤 사실에 관한 설명을 나타내며, 회화체는 「～んじゃない」
- 보어를 부정해 다른 것과 대비시키려는 것에 초점

▸私はこの服を池袋で買ったのではない。渋谷で買ったのだ。

　→ 부정의 초점 :「池袋」

▸この写真はアメリカで撮ったのではない。日本で撮ったのだ。

▸木村さんに会ったのではない。村山さんに会ったのだ。

● 그러나 문이 필수보어로만 구성된 경우는 술어를 부정하는 경우도 있음

▸私はこの服を買ったのではない。

　→ 부정의 초점 :「買った」

▸私はお昼休みに遊んだのではない。

　→ 부정의 초점 :「遊んだ」

～わけではない

- '그런 사정, 이유가 아니다'는 마음을 덧붙인 표현으로서, 회화체는 「～わけじゃない」
- 술어를 부정해 다른 것과 대비시키려는 것에 초점

▸このチーズケーキはまずいわけではない。

▸家事のことをしたくないわけではないが、もう少しシングルでいたいな。

▸たった一度の失敗で、人生が終わるわけではないから心配するな。

- 현재상황이나 직전발언에서 당연히 예상되는 사항을 부정하는 경우로서, 간접적이며 완곡 표현. 「別に」「特に」「だからといって」등과 같이 쓰는 경우가 많음
  ▸ あそこはいつも混んでいるが、<u>特に</u>おいしいという<u>わけではない</u>。
  ▸ <u>だからといって</u>夢や希望が誰にでもある<u>わけではない</u>。

【보충】
▸ 私はこの時計を<u>買ったんじゃない</u>。弟から借りたんだ。
  대비하는 요소인 「弟から借りたんだ」가 후속
▸ 私はこの時計を<u>買ったわけではない</u>。
  「買ったわけではない」라는 결론이 후속

～はずだ /～わけだ

◆ **공통점**: ～(일, 할)것이다, ～(인, 한)셈이다. 화자의 주관적인 판단을 나타냄
◆ **차이점**:
▸ 今日はセミナーがあるから、<u>先生が来るはずだ/わけだ</u>。
「はずだ」: 이전에도 세미나가 있을 때는 선생님이 오셨다는 근거에 의해서, 오늘도 당연히 세미나에 오실 것이라는 화자의 확신이나 기대를 나타냄
「わけだ」: 오늘은 세미나가 있다는 어떤 형편으로 필연적으로 선생님이 오시게 되어 있다고 하는 것을 나타냄

◆ 비교 특징

~はずだ

화자가 어떤 근거에 의하여 당연히 이렇게 될 것이라고 하는 확신
이나 기대감이 섞인 추측을 나타내며, 「~わけだ」에 비해서 화자
의 주관이 더 강함

▸試合が今週の週末にあるので、明日も練習があるはずだ。

▸彼はイギリスで勉強したので簡単な手紙くらいは英語で書け
　るはずだ。

▸今週は部長が出張に行くと言っていたから、明日の会議には
　来ないはずだよ。

1) 화자의 납득: 「~이니까 ~일 것이다」

▸彼女は日本に長年住んでいるのだから、方言もうまいはず
　だね。

▸この牛肉100グラム1500円もしたものだから、おいしいはず
　だね。

2)「~はずだった」과거형은 실제로는 사물이 추측한대로 되지 않
　　았던 경우를 나타내고, 실망·후회·의외감 등의 기분이 포함

▸今週娘が来るはずだったが、急にテストがあって来られないそ
　うだ。

▸今回は頑張ったからよい成績が取れるはずだったが、結果は
　あまりよくなかった。

3) 「〜はずだ」의 부정형

‣ 彼女は春休みだから、学校には出てこないはずだ。

「学校に出る、出ない」에 대한 화자의 판단

‣ 彼女は春休みだから、学校に出てくるはずがない。

「学校に出てくる可能性はない」라는 강한 부정

cf) 「はずがない」와 「はずはない」

‣ こんなに背が高い子供が小学生のはずがない。

의견, 놀람, 의외의 정보와 같은 이유가 들어감

‣ 病弱なあの子が遠くまで来るはずはない。

사실, 사정 등으로 판단해서 그럴 가능성이 없는 경우

～わけだ

일이 진행되는 과정이나 도리 등에서 필연적으로 그러한 결론에 도달했다는 것을 나타내며, 「だから、から、ので」등과 함께 사용되는 경우가 많음

‣ 朝寝坊して学校に遅刻したから、母に叱られたわけだ。

‣ 彼は日本に2年間留学していたので、日本の事情にかなり詳しいわけだ。

‣ 彼女は電子機器が苦手です。だから未だにワープロも使えないわけです。

1) 화자의 납득

문두에 「それで、だから、どうりで」가 오는 경우가 많음, 「그래서 ~이구나」

‣ A: 今日は本当に暑いね。クーラーつけてるよね。

 B: あれ、壊れているじゃないか。<u>だから</u>、全然涼しくない<u>わけだ</u>。

‣ A: 先週給料が入ったのに、もう財布に千円しかない。

 B: 彼女は、いつもカードで高い靴を買うんだ。<u>だから</u>、お金がすぐなくなる<u>わけだ</u>。

2) 환언(言い換え)

문두에 「つまり、要するに、すなわち、言い換えれば」가 오는 경우가 많음

‣ A: 鈴木さん、今回会長に選ばれたんだってね。

 B: <u>つまり</u>、えらくなった<u>わけだ</u>。

‣ A: 先月ボーナスをもらったのに、もう一万円しかない。

 B: <u>要するに</u>、かなり使った<u>わけだ</u>。

3) 설명・주장

‣ 彼女はもう30年もこの薬の研究をしている<u>わけですが</u>、まだ成果が出てこない。

‣ 彼女は文化交流関係の仕事を20年近くやってきているのをみると、皆さんよりもずっと経験がある<u>わけです</u>。

4) 이유
▸ 今年は果物のできが良くなかった。日照りが長い間続いた<u>わけだ</u>。
▸ 彼女は休みの度に海外旅行に出かける。普段の生活から脱出したい<u>わけだ</u>。

5) 「～わけだ」의 부정형
①「～ないわけだ」: 화자의 결론
▸ 彼女は病気だから、授業には出られ<u>ないわけだ</u>。
▸ 作家が体調不良で入院してしまっては、小説はそれ以上進行<u>しないわけだ</u>。

②「～わけがない」
가능성이 없다는 화자의 판단이나 주장「～일리가 없다」
→「～はずがない」로 호환가능
▸ お金も仕事もない俺がプロポーズできる<u>わけがない</u>。
▸ ちゃんと<u>勉強</u>もしないでよい<u>大学</u>に入れる<u>わけがない</u>。

③「わけではない」
필연적으로 나온 사실을 부정「～라고 하는 것은 아니라, ～인 것은 아니라」
→「<u>別</u>に、<u>特</u>に、だからといって」등 과 같이 쓰는 경우가 많음
▸ あそこはいつも混んでいるが、<u>特</u>においしいという<u>わけではない</u>。
▸ <u>だからといって</u>夢や希望が誰にでもある<u>わけではない</u>。

④「わけにはいかない」

상식적으로 이유나 사정이 있어서 할 수 없다. 「하고 싶어도 ～할 수가 없다」

▸いまさら計画をやめる<u>わけにはいかない</u>。

▸ここまで努力してきたのだから、諦める<u>わけにはいかない</u>。

【보충】

▸確にさっきそこに置いたんだからある(○)<u>はずだ</u>/(×)わけだ。

　확실히 조금 전에 거기에 두었다고 하는 근거를 토대로 화자의 확신이나 기대가 섞인 추측을 나타냄

▸おかしいな、彼はもっと長身の(○)<u>はずだ</u>/(×)わけだ。

　화자의 확신이나 기대가 섞인 추측을 나타냄

▸いつも遅刻をするから、先生に叱られた(○)<u>わけだ</u>/(×)はずだ。

　늘 지각을 한다는 이유로 인하여 선생님에게 야단맞는 결과가 있었다는 화자의 결론을 나타냄

～はずだ /～つもりだ /～予定だ

◆ **공통점:** ～할 것이다, ～할 예정이다.

어떤 일이 계획되고 예정되어 있음을 나타내는 용법

◆ **차이점:**

▸来年大学入試を受ける<u>はず/つもり/予定</u>です。

「～はずだ」: 시험을 치는 대상(화자이외)이 어떤 사실이나 근거
에 바탕을 두어, 당연히 대학시험을 칠 것이라는 확
실한 예정

「～つもりだ」: 비확정적인 사항으로 화자의 개인적인 의지를 나타냄

「～予定だ」: 화자의 의지에 의한 확정적인 사항에 대한 표현

◆ 비교 특징

～はずだ

- 화자가 어떤 사실이나 근거에 바탕을 두어, 당연히 그럴 것이라
는 확실한 예정으로서 당연한 예측이나 기대를 나타냄
- 「たぶん、おそらく、きっと」와 같이 사용되는 경우가 많음
▸昨日母に言っておいたから、<u>きっと</u>知っている<u>はずだ</u>。
▸あの人は、今はフランスにいる<u>はずです</u>。写真を見ました。
▸A: 木村さん、遅いですね。
  B: ええ、でも、昨日必ず来ると言っていたから、来る<u>はずです</u>。

1) 화자의 납득

▸A: 朝から高速道路が渋滞している。
　B: どうりで渋滞しているはずだ。
▸A: 金さん、日本語上手だね。
　B: 日本に来て、もう10年になるよ。
　A: どうりで日本語が上手なはずだね。

2) 현실이 화자의 판단과 다른 경우에는 의외나 불신의 의미
▸A: このボタン押しても動かないよ。
　B: 説明書によるとそれでいいはずなんだけど。

3) 자기 자신의 행동에 대해서는 거의 사용하지 않으나, 자기 자신
　　의 의지로 결정할 수 없는 경우나 예정과 달라진 경우는 가능
▸私は来年帰国するはずです。(×)
　→ 私は来年帰国する予定です。(○)
▸説明書を何回も読んだからできるはずなんだけど、どうし
　てもオーブンが作動しない。
▸そのワークショップには、私も行くはずでしたが、結局行
　けませんでした。

4)「~はずだ」의 부정형
▸彼女は冬休みだから、学校には出てこないはずだ。
　→「学校に出る、出ない」에 대한 화자의 판단
▸彼女は冬休みだから、学校に出てくるはずがない。
　→「学校に出てくる可能性はない」라는 강한 부정

～つもりだ

화자의 의지나 장래에 대한 예정 및 계획을 나타내며, 비확정적인 사항이나 미루어 짐작하는 추량적인 성격

‣ 将来、日本で働くつもりです。

‣ 来年、日本に行くつもりです。

‣ 将来、医者になるつもりです。

1) 반사실

‣ 彼女はすべてを知っているつもりだが、本当は何も知らない。

‣ 君はちゃんと教えたつもりかもしれないが、彼女は聞いてないと言っているよ。

2) 자신의 상태나 이미 행한 행위에 대한 화자자신의 생각을 나타 내는 경우, 「～라고 생각한다」

‣ 私も孫がいますが、でもまだまだ若いつもりです。

‣ 私の財布知らない? ここに置いたつもりなんだけど。

3) 어떤 행위를 하는 전제로서, 가령 '셈치고'라는 의미를 나타냄

‣ 昔に戻ったつもりで、もう一度一からやり直しています。

‣ 死んだつもりで頑張ればできないことはない。

4) 주어가 제3자일 경우는 제3자의 의지・의도를 명확하게 아는 경우 이외에는 다음과 같이 나타내는 것이 자연스러움

‣ 村山さんは明日仕事を休むつもりのようです/つもりだと言っています。

～予定だ

화자의 의지나 장래에 대한 확정된 예정 및 계획을 나타내며, 실현의 가능성도 「～つもりだ」보다 더 높다.

▸ 私は三日後に大阪に向けて発つ予定です。

▸ 今度の学会はソウルで開かれる予定である。

▸ 今日、午前8時に飛行機で横浜に到着する予定だ。

【보충】

▸ A: 雨が降りそうですよ。

　B: そうですか。じゃあ、傘を持って(×)いくつもりです/(○)いきます/(○)いくことにします。

「～つもりだ」는 사전에 생각해서 결의된 의지를 나타내며, 그 장소에서 하려고 정한 것에는 사용할 수 없음

▸ 先生は明日の日曜日どこへ行かれる(×)おつもり/(○)ご予定ですか?

윗사람의 의지를 물을 때 직접적인 것은 실례

～はずがない / ～ないはずだ

◆ **공통점**: 「～はずだ」의 부정표현

◆ **차이점**:

‣ 4月の釜山が寒いはずがない。

‣ 今は寒くないはずだ。

「**はずがない**」: 4월에 부산이 춥다는 것은 있을 수 없는 사항이며, 이와 같은 명확한 근거에 의해서 부산이 추울 것이라는 것에 대한 화자의 강한 부정이나 의심・추측

「**ないはずだ**」: 원래는 추운 곳이지만, 지금은 춥지 않다는 사태에 대한 화자의 확신에 찬 추측

◆ 비교 특징

> ### ～はずがない

「～일리가 없다」는 의미로서, 그 앞에 명확한 근거가 있어서 이를 토대로 강력하게 부정하는 경우로서, 「ありえない、不可能だ」의 의미

‣ わざわざ加藤くんが研究室まで会いに来るはずがない。

‣ あんなに優しい彼が私を裏切るはずがない。

‣ 小さい子供が七人もいるのだから、家の中がきれいなはずがない。

～ないはずだ

「～하지 않을 것이다」는 의미로서, 단지 화자의 판단에 의한 납득을 나타내며,「～はずがない」보다는 가능성이 조금 높은 경우로서,「～ないだろう」의 의미

▸ しかし、もし充分に明るくても、それらは小さな塵にしか見え<u>ないはずだ</u>。

▸ 宗介の知る限りでは、マデューカスは日本語をまったく知ら<u>ないはずだ</u>。

▸ もしカメラが故障していれば、この人間の後の動物は写ら<u>ないはずだよ</u>。

～ん(の)だから /～ものだから

◆ **공통점:** 원인이나 이유를 나타냄

◆ **차이점:**

▸ 雨がたくさん降っている<u>のだから</u>、授業に遅れても仕方ないよ。

「～のだから」: 비가 많이 내리고 있다는 객관적인 이유를 근거로
　　　　　　　제시하면서 뒤에는 수업에 늦어도 할 수 없다는
　　　　　　　<u>자신의 주장</u>을 내세움

▸ 雨で車が渋滞していた<u>ものですから</u>、遅くなってしまった。

「～ものだから」: 비로 교통체증이 있었다고 하는 사실을 근거로
　　　　　　　제시하면서 <u>늦어진 것에 대한 변명을 함</u>

◆ 비교 특징

～ん(の)だから

주로 객관적인 원인이나 이유를 근거로 상대에게 주장이나 비난, 그리고 금지, 요구 등을 나타내는 표현으로, 주절은 「はずだ」「ほうがいい」「てください」등의 주장이나 명령형이 오는 경우가 많음

▸ 冬は寒いんだから、温かい服を着て出かけたほうがいいよ。

▸ 向うじゃ君を知らずにいるんだから、ちっとも心配することはないよ。

▸ 明日出張があるんだから、今日中に仕事を済ませた方がいい。

～ものだから

청자가 원인이나 이유를 모를 수도 있는 경우를 나타내는 것으로, 그 앞에 근거를 제시하면서 상대에게 부탁이나 희망, 그리고 변명 같은 것을 나타내는 표현으로서 주절에 의지 및 명령표현은 불가

▸ 一人っ子なものだから、わがままに育ててしまいました。

▸ 風邪を引いたものですから、休ませてくれないでしょうか。

▸ 友達がこの本をあまりに薦めるものだから、つい買ってしまった。

【보충】

▸ 風邪を引いた(○)ものですから/(×)のだから、休ませてくれないでしょうか。

「~ものだから」: 감기에 걸린 사실을 근거로 제시하면서 쉽게 해
줄 것을 부탁하는 경우로 적절
「~のだから」: 감기에 걸렸다고 하는 사실을 객관적인 근거로 해서
상대에게 쉽게 해달라고 강요하는 의미로 부적절

▸雪で車が渋滞していた(○)ものですから/(×)のだから、遅く
なってしまった。
「~ものだから」: 눈으로 교통체증이 있었다고 하는 사실을 근거로
제시하면서 늦어진 것에 대한 변명을 함으로 적절
「~のですから」: 눈으로 교통체증이 있었기에 늦어진 것은 당연하
며 내 탓은 아니라고 하는 어감이 되어버려 부적절

▸ここは交通事故が多くて危ない(○)のだから/(×)ものだから、
スピード違反をしてはならない。
「交通事故が多くて危ない」라는 객관적인 근거를 제시하면서
과속에 대한 금지를 나타냄
▸食堂までには近い(×)ものだから/(○)から、歩こう。
원인이나 이유를 나타내므로「から」로 호환가능,「ものだから」
의지표현 불가

4. 조사관련 유의표현 분석

いくら〜ても / どんなに〜ても

◆ **공통점:** 정도를 강조하는 표현

◆ **차이점:**

‣ いくらやってみても、やっぱり失敗だった。

「いくら〜ても」: 횟수에 관계없이 아무리 어떤 일을 열심히 해봐도
　　　　　　　　그 여파가 뒤 사건에 별 영향을 미치지 않는 경우

‣ どんなに苦しくても最後まで走り抜くつもりだ。

「どんなに〜ても」: 아무리 괴로운 정도의 조건이라 할지라도, 뒤
　　　　　　　　에 오는 사태가 그것에 영향을 받지 않고 사
　　　　　　　　태를 성립하는 경우

◆ 비교 특징

> ### いくら〜ても

「何度も、一所懸命〜しても」의미로서, 정도를 강조하는 표현

‣ いくら頑張ってもうまくできない。

‣ 彼女はいくら食べても太らない。

‣ 彼女はいくら誘っても一度も彼に会ってくれない。

どんなに～ても

어느 정도나 수준의 조건이더라도, 뒤에 오는 사태가 그것에 영향을 받지 않고 성립하는 것을 나타냄. 「たとえ」가 직전에 붙는 경우도 있음

▸ どんなに勉強しても成績はちっとも上がらない。

▸ どんなに探しても、無くしたお金は出てこなかった。

▸ 私がどんなに説明しても、信じてくれる人はいません。

【보충】

1) 이미 일어난 사항에 대한 표현으로서, 정도를 나타낼 때는 「もし～ても/でも」이라는 뜻이고 횟수를 나타낼 때는 「その動作を何回も行ったけど」라는 뜻이다.

▸ いくら話しても、分かってくれない。

▸ どんなに探しても、無くした鍵は出てこなかった。

2) 형용사, 동사와 접속해서 어휘의 정도를 나타낼 때는 상호 호환이 가능함

▸ どんなに/いくら辛くても、男だから、泣いてはいかんぞ。

▸ いくら/どんなに悪口を言われても、あの人は泣かない女です。

3) 고유명사와 접속할 경우는 상호 호환이 부자연스러움

▸ いくら/(x)どんなに彼でも、あの仕事を今日中に終わらせるのは無理でしょ。

▸ いくら/(x)どんなに有名なタレントでも、悪いことをすると仕事がなくなってしまう。

～から /～ので

◆ **공통점**: 이유, 원인을 나타냄
◆ **차이점**:

▶ 寒い<u>から</u>、窓を閉めなさい。

▶ まだ、学生な<u>ので</u>、映画は安く見られます。

「～から」: 화자자신이 주관적으로 춥다고 생각했기 때문에 문을
　　　　　 닫으라고 명령한 경우

「～ので」: 아직 학생이라는 사실관계를 바탕으로 영화는 싸게 볼
　　　　　 수 있다는 객관적인 이유를 나타냄

◆ **비교 특징**

> ## ～から

자신의 주관적인 원인이나 이유에 근거한 판단을 나타내며, 문말
에는 주로 '명령, 의지, 추량, 금지'의 형태가 옴

▶ 寒い<u>から</u>、窓を閉め<u>なさい</u>。(명령)

▶ もう今日は忙しい<u>から</u>、仕事は明日にし<u>ましょう</u>。(의지)

▶ 今日は休みだ<u>から</u>、彼は家にいる<u>だろう</u>。(추량)

▶ 母に知られると困る<u>から</u>、話しては<u>いけない</u>。(금지)

1) 보통형과 정중형 양쪽 다 접속가능하나, 주절이 정중형의 경우는
「から」앞도 정중형이 더 자연스럽다. 단지, 사항원인을 나타내는
「から」는 보통 뒤의 주절의 형태에 관계없이 보통형이 사용됨

‣ 今日は日曜日ですから、優子さんは家にいるでしょう。
（판단이나 의도의 근거）

‣ 昨日は体調が悪かったから、先生は早めにお帰りになりました。（사항원인）

2) 앞에 제시되는 내용이 추측표현일 경우
‣ 明日は晴れるだろう(○)から/(×)ので洗濯をした。
‣ 今週は忙しいだろう(○)から/(×)ので早めに授業の準備をしておいた。

3) 종조사적 용법 : 화자의 기분을 나타내며 문말에서 가벼운 이유를 나타냄
‣ いいんです。もう終わったことですから。
‣ お母さんの言うことをよく聞いていい子にしてろよ。おみやげ買ってきてやるからな。

4) 강조구문 : 「AからB → BのはAからだ」
‣ 連休だから、空港が混んでいる。
　→ 空港が混んでいるのは、連休だからだ。
‣ 日本語をより深く研究したかったから、私は大学院に行った。
　→ 私が大学院に行ったのは、日本語をより深く研究したかったからです。

5) 「は」「こそ」「とて」등이나,「といって」등을 붙여서 특히 이
   유를 제시해서 그 해결을 기대시킴
‣ このような複合関係が成立した(○)から/(×)のでこそ、契約が
   可能となったのである。
‣ 日本人だ(○)から/(×)のでといって、すべて日本文化について
   知っているわけではない。

～ので

인과관계나 사실관계를 논리적으로 말하는 객관적인 이유를 나타
낼 때 사용되며, 문말은 그 이유에 의한 결과나 과정을 나타냄
‣ 家賃が安いので、ここに引っ越しした。
‣ 昨日は残業したので、帰りが遅くなった。
‣ 入学式が10時からですので、9時頃家を出れば間に合うと思い
   ます。

1) 문말에는 명령과 같은 강한 의지를 나타내는 표현대신에 의뢰
   나 의향 등을 나타내는 표현이 옴
‣ すぐ行きますので、少々お待ちください。(의뢰)
‣ 連休なので、旅行に行こう。(의향)

2) 정중한 표현이나 문장체에서는 일반적으로 「～から」보다는
   「～ので」를 사용
   → 자신의 기분을 전면적으로 내세우는 것을 피하기 위함
‣ すぐまいります(○)ので/(?)から、少々お待ち下さい。
‣ 七時から九時までは禁煙です(○)ので/(?)から、ご協力ください

3) 종조사적 용법
- ちょっとお待ちください。すぐ取ってきますので。
- 仕事のことは心配しないでください。私がやっておきますので。

4) 거절의 이유 및 핑계를 말할 때
- A: これからお茶でもどうですか。
  B: すみません、ちょっと用事がありますので。

【보충】
- 日曜日なので、授業がありません。
- 静かなので、よく勉強ができます。
  명사나 ナ형용사에 접속할 때는 반드시 「~なので」의 형태

- うるさい(○)から/(?)ので、静かにしなさい。
  뒤에 명령과 같은 말하는 사람의 강한 의지가 올 경우는 「~から」가 자연스러움
- あの人が欠席したのは用事があった(○)から/(×)のでだと思います。
  단정의 조동사 「だ」와 결합하여 술어로 쓰일 때는 「~から」만이 적절
→ 사람의 기분이 강하게 담겨있기 때문
- おなかが痛いですから、家で休みたいです。
  「~ので」도 적절하지만, 「~から」쪽이 말하는 사람의 주장을 더 담게 됨

‣ 私が結婚する<u>のだ</u>(○)から/(×)<u>ので</u>、私が挨拶するのが当然だ。

‣ いいお天気になった<u>のです</u>(○)から/(×)<u>ので</u>久しぶりにお出
掛けしました。

　「ので」가 사실이나 현상을 있는 그대로 묘사하므로, 주관적인
판단을 나타내는「のだ」「のです」와는 사용불가

～から～にかけて /～にわたって

◆ **공통점:** 장소나 시간을 나타내는 명사에 붙어서 공간적·시간
　　　　　적인 폭을 나타냄

◆ **차이점:**

‣ <u>昨夜9時から朝7時にかけて</u>地震が起きた。

「～から～にかけて」: 어제 저녁 9시부터 아침 7시까지에 걸쳐서
　　　　　　　　　　　지진이 일어났다는 경우로서, 두 시점 내에
　　　　　　　　　　　서 어떤 사건이 지속적으로 발생한 경우

‣ 地震は<u>一ヶ月にわたって</u>続いた。

「～にわたって」: 지진은 1개월 동안에 걸쳐서 계속되었다는 의
　　　　　　　　미로서, 단독으로 범위를 나타내는 수량명사에
　　　　　　　　붙어서 그 규모가 큰 상태를 나타냄

◆ 비교 특징

～から～にかけて

두 가지 이상의 시점 및 장소의 범위에 걸쳐서 사건의 발생이나
상태를 나타냄

▸帰り道は夕方6時から7時にかけて必ず渋滞する。

▸熊本から長崎にかけて震度3の地震が起こった。

▸秋田から青森にかけて来週は大雪になるでしょう。

～にわたって

- 기간·시간·회수·장소·범위 등, 전체 범위를 나타내는 명사
  에 붙어서 그 기간 동안 이루어진 행위를 나타냄
- 뒤에는 「行う、続ける、訪れる」등의 동사를 동반하는 경우가 많음

▸20年にわたって遺伝子工学に関する研究が行われた。

▸木村先生は30年にわたって国際交流の仕事を続けて来られま
した。

▸あの研究所は10年にわたってリサイクル活用に関する研究を
続けてきた。

【보충】

▸東京から横浜(x)まで/(○)にかけて地震がありました。

「から～まで」는 두 지역사이의 범위를 확실히 지정하는 경우에
사용되나, 지진이라는 것은 두 지점을 한정하기는 어렵고 지진이
폭이 넓게 퍼져 있다는 다소 막연한 의미가 있음

▸肩から腕(x)まで/(○)にかけて痛くて夜になかなか眠れない。

통증은 두 지점을 정확하게 명시하기는 어려우며, 어깨에서 팔에
걸쳐서 광범위하게 아프다는 의미임

▸午後2時から6時(○)まで/(x)にかけて勉強をした。

「から～まで」는 동작주의 의지적인 행위를 나타내는 표현이 오지만,
「～から～にかけて」는 의지적인 행위보다는 사태표현에 주로 사용

▸ゴールデンウィーク(x)にわたって/(○)のあいだ東京全体を観光
  した。

「～にわたって」는 보통 수량을 나타내는 명사에 붙으므로, 「一
  週間にわたって」처럼 수량을 넣으면 적절

▸老若男女1,000人(○)にわたって/(x)にかけて今回の大統領選挙
  に対する世論調査を行った。

  보통 수량을 나타내는 명사에 붙음

▸関東地方から関西地方(○)にわたって/(○)にかけて広い地域で
  地震がありました。

  「～にわたって」는 단독으로 범위를 나타내는 명사에 붙는 것
  이 원칙이지만, 특히 공간적으로 광범위한 것을 나타내는 경우
  에 「～にかけて」로 교체가능

～からには / ～以上は / ～うえは

◆ **공통점:** 어떤 행위를 한 이유 및 근거를 위해서는 책임이나 결의를 가져 각오를 해서 행동한다는 화자의 기분을 나타냄

◆ **차이점:**

▸ 親の反対にもかかわらず田舎を出てきた<u>からには</u>、<u>絶対成功してみせる</u>。

「～からには」: 끝까지 해낸다는 화자의 강한 의지 및 결심

▸ 親の反対にもかかわらず田舎を出てきた<u>以上は</u>、<u>自分一人の力でやっていくしかない</u>。

「～以上は」: 「～からには」보다는 조금 소극적으로 혼자 힘으로 살아갈 수밖에 없다는 화자의 기분

▸ 不良品を出した<u>うえは</u>、<u>責任を持って弁償いたします</u>。

「～うえは」: 「불량식품을 냈다」는 사태에 대해서 「책임을 가지고 변상한다」는 적당한 행동을 하지 않으면 안 됨을 나타냄

◆ **비교 특징**

> **～からには**

- '어떤 상황이 된 이상은' 이라는 의미로서, 주절에는 최종까지 끝낸다는 화자의 강한 의지 및 결의 표명이 옴
- 의뢰・명령・의지 및 당연의 표현이 오기 쉬움. 회화체

▸ やる<u>からには</u>最後までやりたいと思います。

▸ 約束した<u>からには</u>その約束を守らなければならない。

▸ 中国に来た<u>からには</u>、中国文化を徹底的に知りたい。

- 강한 의지를 표명하지만, 오히려 소극적으로 '다른 방법이 없다' 는 기분을 포함
- 회화체이지만 「~からには」보다는 격식을 차린 말투
‣ 学生である<u>以上は</u>勉強するべきだ。
‣ いったん仕事を引き受けた<u>以上は</u>、途中で止めることはできない。
‣ 契約書に書かれている<u>以上</u>、期日までにこの仕事を完成させなければならない。

~うえは

- 강한 의지 및 결의표명을 나타내며, 어떤 사태를 받아서 그것에 대해서 적당한 행동을 하지 않으면 안 된다는 의미로 사용
- 다소 딱딱한 말투, 주절에 당연의 표현이 오는 경우 조금 부자연스러움
‣ 日本に来た<u>うえは</u>日本語をマスターして帰りたい。
‣ 社長が決断した<u>うえは</u>、我々社員はやるしかない。
‣ その仕事を引き受けた<u>うえは</u>、最後まで責任を持ってやり遂げる。

【보충】
‣ <u>反対する</u>(○)からには/(○)以上は/(?)うえは代案を出す<u>べきだよ</u>。
  화자의 가장 강한 의지는 「~からには」→「~以上は」→「~うえは」
‣ <u>デパートである</u>(○)からには/(○)以上は/(?)うえはものを返品

してくれることは当然だ。

「～うえは」는 상태를 나타내는 「명사+である」와의 접속이 부자연스러움

～だけに /～だけあって

◆ **공통점**: ～이니만치 더욱, ～인만큼

◆ **차이점**:

▸ 英語の先生だけに/だけあって英会話が上手だ。

「～だけに」: 영어 선생님인지라 당연히 더욱더 영어회화가 능숙
　　　　　　하다는 강조의 기분을 나타냄

「～だけあって」: 영어회화가 능숙한 이유가 역시 영어 선생님이
　　　　　　　기 때문이라는 긍정적인 평가를 나타냄

◆ **비교 특징**

～だけに

- 「AだけにB」에서 화자는 A사태에서 더욱더 그러하다고 느낄 수
  있는 사태 B가 존재하는 것을 자신판단을 토대로 나타냄
- B에는 현실계의 사태 외에 화자의 감정, 평가 등이 오며 부정적
  인 평가에도 쓰임
→ 「だけに」에 선행하는 부분(前件)이 사실의 사항이고, 그 사실
　에서 당연히 나올 만한 결과를 후건(後件)에서 설명

▸ 彼は若いだけに徹夜をしても平気なようだ。

▸この品物は品質がよい<u>だけに</u>評価も高い。

▸期待が大きかった<u>だけに</u>、落選とわかったときの失望も大きかった。

～だけあって

「Aだけあって B」에서 화자는 A앞에 제시된 내용으로 봐서 그 뒤의 B내용도 역시 그러하다고 하는 긍정적인 평가를 나타내는 표현

→ 후건(後件)에서 사실이 서술되며, 그 사실이 당연히 나올 이유 설정이 전건(前件)에 옴. 「やはり、さすが、だから～だ」의 의미관계

▸鈴木さんは<u>歴史が好きなだけあって</u>、歴史の点数はとても高い。

▸春子さんはアメリカに<u>留学しただけあって</u>、英語がうまいね

▸彼はさすが学生時代に<u>やっていただけあって</u>、今でもテニスが上手だ。

～だけ / ～ばかり / ～しか / ～のみ

◆ **공통점:** 한정이나 범위를 나타냄

◆ **차이점:**

▸ハンバーガー<u>だけ/ばかり/のみ</u>食べている。

▸ハンバーガー<u>しか</u>食べていない。

「<u>～だけ食べている</u>」: 햄버거라는 물건에 초점- 오직 햄버거만

「~ばかり食べている」: 「食べる」라는 행위에 초점- 햄버거만 반
복적으로 많이 먹는 것에 대해 다소 불
만적인 요소가 들어가 있음

「~しか食べていない」: 햄버거 외에는 먹지 않는다는 의미로 항
상 부정을 동반함

「~のみ食べている」: 오직 햄버거만 먹는 경우로서, 「~だけ」보
다 딱딱한 문체

◆ 비교 특징

~だけ

한정이나 범위를 나타내며 긍정적인 견해

‣ これは私だけの秘密です。

‣ 近くまで来たので、ちょっとお寄りしただけです。

‣ すみません、もうちょっとだけ待ってくれませんか。

1) 「~だけ」가 수단의 격조사 「で」와 공기할 경우, 그 위치에 따
라 의미가 변함

‣ この料理は電子レンジだけで作れます。

(전자레인지가 유일한 수단이고 그 외는 아무것도 사용하지 않
아도 좋다는 것을 표현)

‣ この料理は電子レンジでだけ作れます。

(이 요리는 전자레인지 이외의 것에는 만들 수 없다는 것을 의미)

2) 「頑張る、持つ」등과 같은 가능동사를 반복해서 「できる限り
する」의미를 나타냄

‣ 頑張れるだけ頑張ってみます。

‣ あの人は銀行から金を借りられるだけ借りて家を買った。

3) 「たい」와 접속되어 욕구가 충족되어질 때까지의 의미를 나타냄

‣ 遠慮しないで食べたいだけ食べなさい。

‣ 勉強したくないときは遊びたいだけ遊んでいいですよ。

4) 격조사 「は」가 뒤에 와서 이 정도까지는 라는 의미로, 그것 이
상의 것은 기대·요구하지 않는 경우

‣ 息子の要求を聞くだけは聞いてあげましょう。

‣ やるだけはやったのだから、静かに結果を待とう。

5) 뒤에 명사가 와서 「~するのに充分な」이라는 정도의 의미

‣ 母に本当のことを言うだけの勇気もなかった。

‣ どんなことがあっても生きていけるだけの生活力が彼には
ある。

6) 강조구문에서의 술어에 사용 → 「のみ」교체가능

‣ 本屋で買ったのは日本語の文法だけ/のみだ。

7) 동사 사전형에 접속된 「~だけ」가 유일하게 한정된 사태가 지
속되거나 반복될 경우는 「ばかり」로 교체가능

‣ 彼女はただ泣くだけ/ばかりで、名前さえ言わない。

‣ 後はテスト結果を待つだけ/ばかりだ。

～ばかり

'그것뿐 다른 것은 없다'는 한정의 의미로, 양이나 횟수 등이 많다는 것을 강조하며 다소 부정적이고 소극적인 의미를 내포한 표현
- 今日は朝から失敗ばかりしている。
- 毎日暑いのでアイスクリームばかり食べています。
- いつもテレビばっかり見ているから、成績が悪くなるんだ。
  (구어체에서 강조)

1)「명사+조사」다음에 올 경우는「とばかり、にばかり」가 되지만, 조사「まで、より、から」다음에는 오지 않음
- 子供とばかり遊んでいる。
- 父は末っ子にばかり甘い。
- 弟(x)まで/(x)より/(x)からばかりおもちゃを買ってもらった。

2) 동사나 형용사 사전형에 붙어「それしかない、それしかしていない」의미를 나타내며「だけ」의미를 나타냄
- A: 彼にやってもらったらどう?
  B: 彼は言うばかり/だけで、自分では何もしないんだ。
- 整形外科に行ったんだけど痛いばかり/だけ、全然治ってないの。

3) 화자가 비판적으로 말할 때 사용하는「～てばかりいる」의 경우에는「だけ」나「のみ」로 교체 불가능
- 遊んでばかりいないで、勉強しなさい。

▸ 母は朝から怒ってばかりいる。

▸ 喋って(○)ばかり/(×)だけ/(×)のみいる。

4) 「何度も繰り返して、いつも、すべて」等の 의미일 경우에는 「だけ」나 「のみ」로 교체 불가능

▸ うちの子はいい子(○)ばかり/(×)だけ/(×)のみだ。

▸ 母は朝から晩まで小言(○)ばかり/(×)だけ/(×)のみ言っている。

5) 수량이나 시간의 길이 등에 접속해 어림수를 나타내는 경우, 「くらい・ほど」대신에 「ばかり」로 바꾸어 쓸 수 있다. 단, 시각이나 날짜에는 사용불가

▸ 来るのが少し(○)ぐらい/(○)ばかり遅すぎたようだ。

▸ 1か月(○)ぐらい/(○)ばかり留守をしますので、よろしくお願いします。

▸ 3時(○)ぐらい(×)ばかりに来てください。

6) 동사 て형에 접속할 경우에는 「いつもしている」의 의미. 단, 결과를 나타내는 동사 「店が混む、お腹がすく」등에는 사용하지 못함

▸ 彼女は寝てばかりいる。

▸ この店はいつも混んでばかりいる。(?)

▸ うちの子はいつもお腹がすいてばかりいる。(?)

7) 비유

「ばかりの+명사」의 형태로 비유를 사용해서 정도가 화려함을 나

타냄. 관용적인 표현이 많고 문장체적임

‣頂上からの景色は輝く<u>ばかりの</u>美しさだった。

‣透き通る<u>ばかりの</u>肌の白さに目を奪われた。

～しか

- 사물이 어느 범위나 정도에 제한되어 불충분한 것을 나타냄
- 문말에 부정형「～ない」를 동반해 부정적이고 소극적인 관점을 나타냄

‣もうこうなったらやる<u>しかない</u>。

‣彼にとって私は単なる遊び友達で<u>しかない</u>。

‣こういう事態では社長に頼む<u>しか</u>方法が<u>ない</u>。

1)「しか～ない」는「～ない」에 표현의 초점

‣大学1年生の時は日本語<u>だけ</u>を勉強しました。

(자신의 의지로 공부할 내용을 일본어에 한정한 경우)

‣大学1年生の時は日本語<u>しか</u>勉強して<u>いません</u>でした。

(일본어 이외에는 공부한 내용이 없다는 후회 등의 기분이 포함된 부정적인 관점)

2)「～だけしか～ない」는「しか～ない」의 강조표현

‣この部屋には男子学生<u>だけしか</u>い<u>ない</u>。

‣このクラスには優秀な学生<u>だけしか</u>い<u>ない</u>。

~のみ

그것뿐이라는 한정의미로「~だけ」보다 딱딱한 문체로 사용

‣ 洪水の後に残されたのは、石の土台<u>のみ</u>だった。

‣ 準備は終わった。後はスイッチを入れる<u>のみ</u>だ。

‣ 早くしなければと焦る<u>のみ</u>で、一向に仕事がはかどらない。

~だらけ /~まみれ /~ずくめ

◆ **공통점:** 양태를 나타내는 접사로서, 명사에 붙어 전체에 걸쳐 서라는 의미

◆ **차이점:**

‣ ほこり<u>だらけ/まみれ/(?)ずくめ</u>だ。

「~だらけ」: 책장이나 테이블 등에 먼지가 쌓인 경우를 말하며 입으로 불면 날리는 경우

「~まみれ」: 삼각 김밥 등을 먹다가 떨어뜨렸을 때 먼지가 표면 전체에 달라붙은 경우

「~ずくめ」: 명사「ほこり」와의 접속은 부자연스러우며, 「今日は いいことずくめだ」와 같이, 어떤 것이 그것뿐이라 는 의미로 정형화된 표현이 많다.

◆ 비교 특징

~だらけ

- 액체이건 고체이건 간에 무언가가 많음을 나타내며, 굳이 표면에 달라붙어 있지 않아도 상관없음
- 전체적으로 투성이라는 마이너스 의미

▸汚いなあ、この部屋。本棚もテーブルもほこりだらけだ。

▸あの家には傷だらけのスーツケースが一つ置いてあった。

▸彼女の部屋に遊びに行ったら、部屋はごみだらけでした。

1) 마음에 드는 물건이 다량으로 존재하는 경우나 플러스적 의미인 경우에는 사용 불가능

▸庭は花(×)だらけ/(○)でいっぱいだった。

▸うちの押し入れは私の好きな服(×)だらけ/(○)でいっぱいだった。

2) 막연하게 그것뿐이라고 하는 의미로, 비유적으로 「借金、間違い」등에도 사용

▸事業に失敗して借金だらけで家賃も払えない。

▸間違いだらけの答案が返ってきた。

더러운 것이 표면전체에 달라붙어 있는 상태로 주로 「汗、血、ど
ろ」등의 액체나 「ほこり、粉」등의 가루상태에 사용

▸ 自転車で出勤する息子は汗まみれだった。

▸ 友達と泥まみれになるまで遊んだ思い出が忘れられない。

▸ 自転車の修理をしたら、手が油まみれになってしまった。

～ずくめ

「존재하는 것 전부～」나 「～만이 계속해서 일어남」 의미를 나타
내며, 좋고 나쁨에 대해서는 중립적이고 단지, 색깔과 함께 사용
될 때는 「黒」만 사용

▸ 今年の天気は、台風や洪水をはじめ、異例ずくめだった。

▸ 今回のウィンブルドン大会は新記録ずくめの珍しい大会
だった。

▸ このサークルは、何から何まで規則ずくめで、本当に脱退し
たい。

● 내주위에 있는 것이 그것뿐이라는 의미 「黒ずくめ、いいこと
ずくめ、ごちそうずくめ」등 정형화된 표현이 많음

▸ 彼はいつも黒ずくめの格好をしている。

▸ 最近はなぜかいいことずくめだ。

▸ 今日の夕食は、新鮮な野菜やロブスターなど、ごちそうずく
めだった。

【보충】

▸ **全身傷(○)だらけ/(×)まみれ/(×)ずくめの男が倒れている。**

상처가 온몸에 많아서 라는 의미로, 표면에 있는 상태가 다수 보이는 모양으로 투성이라는 의미

▸ **スーパーでのバイトは忙しい。毎日汗(×)だらけ/(○)まみれ /(×)ずくめになって働いている。**

땀범벅이라는 액체인 「汗」와 접속

▸ **帽子から靴まで、黒ずくめの男が向こう側に立っている。**

「黒」색깔과 함께 사용

▸ **あの店は私の好きな宝石(×)だらけ/(○)でいっぱいだった。**

「だらけ」는 마이너스 의미가 강하기 때문에 부적절

～て /～てから /～たあとで

◆ **공통점:** 시간의 전후관계를 바탕으로 사건이 연속해서 일어나는 경우

◆ **차이점:**

▸ **彼女が帰って/てから/たあとで彼がやってきた。**

「～て」: 그녀가 돌아가고 바로 그 남자가 찾아온 경우로서 계기적 의미

「～てから」: 그녀가 돌아간 것이 그 남자가 온 것의 필요사항이 됨. 즉, 순서가 결정된 경우로서, 그녀가 돌아가고 그 다음 그 남자가 의도적으로 찾아온 사실을 시간적 전후관계로 나타냄

「~たあとで」: 그녀가 돌아가고 의도적인 시간순서가 없으며, 적당
한 시간이 지난 다음에 그 남자가 찾아왔음을 나타냄

◆ 비교 특징

```
~て
```

1) 순서

‣ まず、お掃除をして、それから友達に会った。

‣ 課題をして、それからテレビを見ることにした。

2) 계기(継起)

‣ 歯を磨いて寝た。

‣ 朝ご飯を作って、息子を起こした。

3) 결과

‣ 雨降って地固まる。

‣ 勉強していい成績を取る。

4) 부대상황

‣ 手を上げて横断歩道を渡った。

‣ 眼鏡をかけて運転をする。

5) 수단・방법

‣ 車を運転してドライブに行く。

‣ ボタンを押してドアを開ける。

6) 이유

‣ 歯を磨いて口の中がすっきりした。

‣ 子供が生れて、家がにぎやかになった。

7) 병렬・대비

‣ 長男はテニスしに行って、次男は勉強しに行った。

‣ 夏は暑くて、冬は寒い。

～てから

「～て」앞에 의미적인 중점이 있으며 순서가 결정된 사항의 경우로서, 주절에 명령・의지・권유 등의 문이 올 수 있음

‣ ノックをしてから入室してください。

‣ お風呂に入ってからビールを飲もう。

‣ 手を洗ってからご飯を食べなさい。

～たあとで

「～て」앞과 뒷일의 전후관계를 객관적으로 서술하기 때문에, 주절에 명령・의지・권유 등의 문이 오기는 어려움

‣ 夕立が降ったあとで涼しくなった。

‣ メンバー全員が集まったあとで代表を選出した。

‣ パーティーが終わったあとでゴミを集めました。

【보충】

▸晩御飯を食べてすぐ散歩に出かけた。: 계기적 의미

▸お酒は二十歳になってから飲みましょう。

　음주를 위한 시기가 의도적으로 설정

▸社員全員が集まったあとで会社の代表を選出した。

　전후관계를 객관적으로 서술하기 때문에, 주절에 명령·의지·
　권유 등의 문이 오기는 힘듦

▸歯を(○)磨いてから/(×)磨いてたあとで寝なさい。

　「AてからB」는 「BまでAしない」라는 뉘앙스가 있으며, B가 A
　에 선행해서는 안 되는 것에 초점

▸買物を(○)してから/(○)したあとで、映画を見ました。

　순서가 결정된 것보다는 시간적인 전후관계를 나타낼 경우는
　둘 다 가능

▸切符を(○)買ってから/(?)買ったあとで中に入る。

▸準備運動をよく(○)してから/(?)したあとで、泳いでください。

　「AてからB」의 A는 B를 하기 위해서 필요한 요건

～ても /～のに

◆ **공통점**: ～해도, ～했는데도(역접을 나타냄)
◆ **차이점**:

‣ 木村さんは、何回も電話しても/電話したのに、通じないんですよ。

「～ても」: 몇 번이나 전화해도 연결되지 않는다는 의미로, 단지 앞의 사실과 뒤의 사실이 상반됨을 나타냄

「～のに」: 전화를 몇 번이나 걸었음에도 불구하고 연결되지 않은 결과에 대한, 화자의 의아한 기분이나 불만의 감정이 엿보임

◆ 비교 특징

～ても

역접의 의미로서, 기정(既定)이나 미정(未定)의 사항 둘 다에 사용

‣ 寒くても暖房があるから平気だ。
‣ この書類は繰り返して読んでも内容が分からない。
‣ 国へ帰っても、日本での指導教授の恩恵は忘れられない。

1) 가정(仮定) : 「もし、万一、たとえ」등이 동반되기도 하며, 주절의 문말에 의지표현 가능

‣ もし失敗しても勉強は続けたい。
‣ たとえ転んでも起き上がりなさい。

2) 의문사+~ても : 「どのような条件でも」

▸いくら勉強しても、すぐ忘れる。

▸どんなに頑張っても、先生は分かってくれない。

～のに

- 역접의 의미로서, 현재나 기정(旣定)의 사항에 대해서 사용되나 미정(未定)의 사항에는 사용불가능
- 화자의 「とがめ、非難、意外な気持」등을 나타내는 경우가 많음

▸暑いのに、窓を閉めている。

▸今日は休日なのに学校に行くんですか。

▸雨が降っているのに遊びに行った。

1) 가정(仮定)의미는 없으며, 주절의 문말에 의지표현 불가능

▸雪が降っているのに出かけたい。(×)

▸スープがおいしくないのに、食べてみてください。(×)

2) 대비

▸昨日は寒かったのに、今日は暖かい。

▸話すのは上手なのに、文法は全然分からない。

3) 종조사 : 문말에 와서, 예상한 결과와 달라서 유감이나 불만 등
　　　　　을 나타냄
▸もっと早く話せばよかった<u>のに</u>。
▸私に優しくしてくれるとあんなに約束した<u>のに</u>。

4) 목적 : 동사의 사전형에 접속해 「～するために」로 바꿔 사용할
　　　　수 있고 뒤에는 「使う、必要だ、不可欠だ」등으로 한정
▸のこぎりは木を切る<u>のに</u>使います。
▸彼女を説得する<u>のには</u>努力が<u>必要</u>です。

【보충】
※「～ても」는 종속절의 상황에도 불구하고 화자의 희망이나 명
　령표현이 가능
▸あした、雪が(○)降っても/(×)降る<u>のに</u>、行きたいです。
　내일을 가정하여 나타내고 있는 것이므로 「～ても」가 적절
▸強い風が(○)吹いていても/(×)吹いているのに出かけなさい。
　「のに」는 의지표현 불가능

※「～ても」는 종조사 기능이 없음
▸2分早かったら電車に間に合った(○)のに/(×)ても。

～てたまらない /～てならない
/～てしかたがない

◆ **공통점:** ~해서 견딜 수가 없다.

　　　　　화자의 감정이나 감각, 욕구가 대단히 높아서 자기스스
　　　　　로 조절할 수 없는 상태를 나타냄

◆ **차이점:**

▸ 足がかゆく<u>てたまらない</u>ので、薬をぬりました。

「～てたまらない」: 「~해서 도저히 참을 수가 없다」는 의미로
　　　　　　　　　　신체감각에 주로 사용되는 경우가 많음

▸ 近ごろ、昔のことが思い出され<u>てならない</u>。

「～てならない」: 「저절로~상태가 되다」로 주로 자발표현 동사
　　　　　　　　에 사용

▸ 新しい車が欲しく<u>てしかたがない</u>。

「～てしかたがない」: 「너무~해서」 견딜 수가 없다는 경우로서,
　　　　　　　　　　감정표현이 직접적

◆ 비교 특징

> **～てたまらない**

어떤 감정이나 욕구가 극한에 도달하여 더 이상은 참을 수 없음을
직접적으로 나타내는 것으로, 주로 회화체에 사용

▸ 恋人ができて嬉しく<u>てたまらない</u>。

▸ 私は朝食にコーヒーを飲まないと、飲みたく<u>てたまらなく</u>

<u>なる</u>。

‣楽しみにしていたコンサートが中止になってしまった。残念<u>でたまらない</u>。

● 「思える、思われる、思い出される、悔やまれる、見える、聞こえる」等の 자발적으로 일어나는 기분에는 사용 불가

‣私はそう思われ<u>てたまらない</u>。(×)

‣友達が言うと、私を非難しているように聞こえ<u>てたまらない</u>。(×)

～てならない

저절로 그렇게 느껴지는 감정이나 욕구를 멈출 수가 없다는 것을 간접적으로 나타내는 것으로, 다소 예스러운 말투로 주로 문장체에 사용

‣東京の夏は暑く<u>てならない</u>。

‣面接での失敗が悔やまれ<u>てならない</u>。

‣姉の結婚式に出席できないのが、残念<u>でならない</u>。

1) 자발표현에는 사용가능하지만, 신체감각의 표현에는 다소 부자연스러움

‣頭が痛く(○)<u>てしかたがない</u>/(○)<u>てたまらない</u>/(?)<u>てならない</u>。

‣今年の夏は暑く(○)<u>てしかたがなかった</u>/(○)<u>てたまらなかった</u>/(?)<u>てならなかった</u>。

2) 사물의 속성이나 평가에 대해서는 다소 부자연스러움

‣ この本はつまらなく<u>てならない</u>。(?)

　→ この本はすごくつまらない。

‣ これ、買う時、高く<u>てならなかっ</u>たけど、使ってみると、
値打ちあったね。(?)

　→ これ、買う時、とても高かったけど、使ってみると、値打
ちあったね。

〜てしかたがない

다른 방법이 없을 정도로 감정이나 욕구를 참을 수 없는 기분을
나타내는 것으로, 회화체에 사용

‣ パソコンを使いすぎたせいか、このごろ目が疲れ<u>てしかたが</u>
<u>ない</u>。

‣ このアパートは部屋が広いが、駅から遠いので不便<u>でしょうが</u>
<u>ない</u>。

　→ 보다 친근한 표현으로서 「〜てしょうがない」가 있음

‣ 私は仕事が退屈<u>でしかたなかった</u>。

　→ 「が」가 생략되어 「〜てしかたない」로 되는 경우도 많음

● 사물의 속성이나 평가에 대해서는 다소 부자연스러움

‣ 歌が<u>下手でしかたがない</u>。(?)

　→ 歌がとても下手だ。

‣ このケーキはまずく<u>てしかたがない</u>。(?)

　→ このケーキはすごくまずい。

【보충】

‣ 近ごろ、昔のことが思い出され(○)てならない/(×)てたまらない/(×)てしかたがない。

옛날일이 저절로 자꾸 생각나서 감정이나 욕구를 멈출 수가 없다는 것을 간접적으로 나타낸 경우.「〜てたまらない」와「〜てしかたがない」는 감정이나 욕구표현이 너무 직접적 이어서 이 경우에는 부적절함

‣ <u>彼女は車がほしくてならない/てたまらない/てしかたがないようだよ</u>。

제 3자의 기분을 나타낼 때는 뒤에「ようだ・そうだ・らしい」등이 필요

‣ 都会は交通とかは便利ですけど、物価が高く(×)てならない/(○)てたまらない/(?)てしかたがないです。

객관적인 정도를 나타내는 형용사에서는「〜てたまらない」가 적절

‣ 夕べ子供が泣い(×)てならなかった/(?)てたまらなかった/(○)てしかたがなかったんですよ。

자발이나 감정을 나타내지 않는 동사의 경우「〜てならない、〜てたまらない」는 부자연스러움

～として / ～にとって

◆ **공통점:** 입장이나 관점을 나타냄

◆ **차이점:**

▸ 会社の代表<u>として</u>委員会に出席した。

「～として」: 회사의 대표라는 입장이나 자격으로서 어떤 행위를
한 경우

▸ これは私<u>にとって</u>忘れられない思い出だ。

「～にとって」: 내 입장에서 본다면 잊을 수 없다는 어떤 평가나 가
치판단, 기분을 나타내는 경우로서, 뒤에는 가능·
불가능 표현이나 평가를 나타내는 표현이 오는 경
우가 많음

◆ 비교 특징

～として

「～로서」의 의미로 그 입장이나 관점으로부터, 또는 자격으로서
뭔가를 한다는 행위를 말하는 경우에 주로 사용

▸ 趣味<u>として</u>ピアノを弾いている。

▸ 親<u>として</u>きちんと言ってください。

▸ 学校の代表<u>として</u>その案件を出したした。

1) 인물이나 조직을 나타내는 말에 붙어서, 「그 입장이나 관점에서 말하면」이라는 의미로 사용

‣ 彼としては、留学する以外に方法がなかったのでしょう。

‣ 学会としては、早めに会長を選出する必要がある。

2) 인물이나 조직을 나타내는 말에 붙어서, 그것이 속하는 표준이나 평균과 비교해서 벗어난 수치나 성질을 나타내는 경우. 「～にしては」와 교체가능

‣ 従業員数が1000人というのは大企業としてはかなり規模が小さい。

‣ 彼はアメリカ人としては背の低い方です。

～にとって

「～에게 있어서」의 의미로 그 입장에서 본다면 어떠냐는 평가나 가치판단, 기분을 나타내는 경우가 많으며, 뒤에는 가능・불가능 표현이나 「難しい、深刻だ、大変だ、大切だ、ありがたい」등 평가를 나타내는 표현이 오는 경우가 많음

‣ 彼にとって家族は大切です。

‣ 老人にとって医療費の負担が増えるのは大変です。

‣ 私にとっては彼氏の激励が何よりもありがたいものだった。

● 「賛成」「反対」「感謝する」등의 태도표명과 관계되는 표현일 경우에는 불가능

‣ その案は私(x)にとって反対です。

　→ 私はその案に反対です。

【보충】

※ 평가를 나타내는 「大切だ、忘れられない、大変だ」에는 「に
とって」가 사용되지만, 다음과 같이 「として」도 가능한 경우
가 있음

▶人として/にとって大切なことは何か。
「人として」는 「人としてすべき」라는 의미 함축

▶神戸の地震は日本人として/にとって忘れられないことだ。
「日本人として忘れられない」는 「日本人として忘れてはいけ
ない」라는 의미 함축

▶授業料の値上げは学生として/にとって大変な問題だと思う。
「学生として大変な問題」는 「学生として何かしなければなら
ない問題」라는 의미 함축

※ 어떤 사항의 주제나 대비적인 의미를 나타낼 때
▶A: C大学がD大学と統合するそうですよ。
　B: へえ。でもA大学としては/にとってはいいことですよね。

※ 정중체 표현 : 「~としましては /~といたしましては」
▶私といたしましては、ご意見に賛成します。
▶学校としましては、今回の処置は必ずやるべきだと考えており
ます。

※ 명사수식 : 둘 다 「の」를 붙임
▶会社としての責任を感じる。
▶子供にとっての漢字は難しいものだ。

※「～にしては」와「～としては」와의 비교

▸釜山を代表する観光地<u>としては</u>人が少ないですね。：～로서는

▸釜山を代表する観光地<u>にしては</u>人が少ないですね。：～인 것
　치고는

　「～としては」는 객관적인 입장에서 관광지인「해운대」를 평가,
　「～にしては」는 부산을 대표하는 관광지「해운대」는 당연히
　사람이 많을 것이라는 화자의 기대와는 어긋난 기분을 나타냄

～ないで /～なくて /～ずに

◆ **공통점:** 동사에 접속해서～하지 않고, ～하지 않아서
◆ **차이점:**

▸子供は電車の中で吊り革をつか<u>まないで</u>しっかり<u>立っていた</u>。

「～ないで」: 전철의 손잡이를 잡지 않고 단단히 서 있다는 부대상황

▸朝<u>起きられなくて</u>会議に遅れた。

「～なくて」: 아침에 일어날 수 없어서 학교에 지각했다는 원인·
　　　　　　이유

▸包丁を<u>使わずに</u>料理をした。

「～ずに」: 부엌칼을 사용하지 않고 요리를 했다는 수단

◆ 비교 특징

～ないで

동사에만 접속

1) 부대상황 : 「〜하지 않은 상태로〜하다」 의미

▸息子は今朝ご飯を食べ<u>ないで</u>学校に行った。

▸傘を持た<u>ないで</u>出かけて帰り道は雨に降られてしまった。

2) 교체・대체 : 「〜하지 않고, 대신에 다른 것을 행함/다른 일이
　　　　　　　 일어남」 라는 의미로 두 가지 사항을 대비적으로
　　　　　　　 말하는 표현

▸ロンドンには行か<u>ないで</u>、パリとローマに行った。

▸社長が来<u>ないで</u>、代理人が現れた。

3) 원인・이유 : 「〜하지 않은 것이 원인으로」 의미로, 뒤 문장에
　　　　　　　 는 감정이나 평가의 무의지 표현이 옴

▸子供がちっとも勉強し<u>ないで</u><u>困っている</u>。

▸朝起きられ<u>ないで</u>会社に<u>遅れた</u>。

4) 수단

▸包丁を使わ<u>ないで</u>料理をした。

▸バスに乗ら<u>ないで</u>歩いて登校した。

5)「ください、ほしい」와 같은 보조용언 앞에 접속되어 '부탁,
　 희망' 등의 의미를 나타냄

▸何も聞か<u>ないでください</u>。

▸何も言わ<u>ないでほしい</u>。

～なくて

동사뿐만 아니라, 명사 형용사에도 접속

1) 원인・이유 : 뒤에 무의지 표현이 옴
- 仕事が入ら<u>なくて</u>苦労している。(동사)
- 検査の結果、重病で<u>なくて</u>安心した。(명사)
- 祖母の体が丈夫で<u>なくて</u>心配だ。(ナ형용사)
- 点数が思ったより高く<u>なくて</u>がっかりした。(イ형용사)

2) 교체・대체
- 彼が会議に来<u>なくて</u>、代理人が来た。
- 彼は医師では<u>なくて</u>、看護士になった。

～ずに

동사에만 접속

1) 부대상황
- 昨日は財布を持た<u>ずに</u>家を出て、友達にご馳走になった。
- 切手を貼ら<u>ずに</u>手紙を出してしまった。

2) 교체・대체
- 旅行へは行か<u>ずに</u>、うちで寝ていた。
- 勉強はせ<u>ずに</u>、外で遊んでいる。

3) 수단
- 包丁を使わ<u>ずに</u>料理をした。

‣バスに乗らずに歩いて登校した。

※ 원인・이유의 용법은「～ず」로 나타낼 수 있음
‣彼女が約束の時間に来ず、山田は結局諦めて家に帰った。
‣観衆が集まらず大変だ。

【보충】
‣胃が痛くて、ずっと何も(○)食べないで/(×)食べなくて/(○)食
　べずに寝ていた。
　안 먹은 상태로 자고 있다는 부대상황을 냄
‣なかなかバスが(○)来なくて/(○)来ないで/(×)来ずに遅刻して
　しまった。
　이유를 나타내며 뒤에 무의지동사가 오기 때문에「～なくて」
　「～ないで」둘 다 올 수 있음
‣バスが(×)来ないで/(○)来ないので、タクシーに乗りました。
　이유를 나타내지만, 뒤에 동작동사가 오기 때문에「～から」「
　～ので」사용

‣包丁を(○)使わないで/(×)使わなくて料理をした。(수단)
‣何も(○)聞かないで/(×)聞かなくてください。
　보조용언「～ください」의 앞에는 「～ないで」만이 연결됨

～ずにはおかない / ～ずにはすまない

◆ **공통점**: ～하게 되다. ～해야 한다.

◆ **차이점**:

▸ そんなひどい侮辱にあったら、誰でも興奮<u>せずにはおかない</u>だろう。

「**～ずにはおかない**」: 감정동사에 접속해서, 본인의 의지와는 상관없이, 그와 같은 상태나 행동이 자발적으로 일어난다는 의미

▸ 会社の失敗に社長が謝ら<u>ずにはすまない</u>。

「**～ずにはすまない**」: 도덕적 상식을 생각해서 해야만 한다는 의미

◆ **비교 특징**

～ずにはおかない

「自然に～してしまう」

본인의 의지와는 상관없이, 그와 같은 상태나 행동이 자발적으로 일어난다는 의미로서 주로 감정동사나 사역에 접속

▸ 話に感動して<u>泣か</u>ずにはおかない。

▸ 彼の言動はみんなを<u>怒らせ</u>ずにはおかない。

▸ この映画は評判が高く、見るものを<u>感動させ</u>ずにはおかないだろう。

● 「必ず～する」

강한 기분, 의욕, 방침이 있으며, 그 외 동사로서 마이너스 의미가 많음

▸ 今度こんなことをしたら、警察に届け<u>ないではおかない</u>。

▸ 新企画の中止が決まろうとしているが、担当した者たちは反対し<u>ないではおかない</u>だろう。

～ずにはすまない

자신의 의무감, 주위상황, 사회적 도덕적 상식을 생각해서「～しなければならない、しないではすまされない」의미로서 문장체로 딱딱한 표현

▸ 人の心を傷つけてしまったなら、謝ら<u>ないではすまない</u>。

▸ あんな高価なものを壊したのだから、弁償し<u>ないではすまない</u>。

▸ あの社員は客の金を使ったのだから処罰され<u>ずにはすまない</u>だろう。

【보충】

▸ 2年間も日本語を勉強したんだ!二級に合格でき(○)<u>ないではすまない</u>/(×)<u>ないではおかない</u>。

　자신의 의무감으로서 하지 않으면 안 된다는 의미

▸ こんな日照りが続けば、植物に影響を与え(○)<u>ずにはおかない</u>/(×)<u>ずにはすまない</u>。

　이런 가뭄이 계속되면 식물에 영향을 꼭 줘야 된다는 강한 의욕

▶契約書は難しいし、覚えられないが、知ら(×)ずにはおかない/(○)ずにはすまない。

개인적이지 않는 것에도 사용하며 「꼭~할 상황이 돼야 한다」는 기분을 나타냄

▶相手チームのエースが欠場しているので、そこを攻め(○)ずにはおかない/(×)ずにはすまない。

「必ず~する」 의미

▶あの映画は、見る人を感動させ(○)ずにはおかない/(×)ずにはすまない。

본인의 의지와는 상관없이, 그와 같은 상태나 행동이 자발적으로 일어난다는 의미로 주어가 사람이 아닌 경우

▶警察は交通事故を起こした容疑者を調査せ(○)ずにはおかない/(×)ずにはすまない。

책임감 등에서 오는 강한 기분

～など /～なんか /～なんて

◆ **공통점:** ~등, ~같은 것, ~따위

제안·조언을 하는 경우나 경멸·경시 등의 화자의 기분을 나타냄

◆ **차이점:**

▶あなたの顔など/なんか/なんて見たくない。

「～など」: 가장 중립적임

「～なんか」:「～など」보다 경시하는 기분이 담겨있음

「～なんて」: 가장 경멸하는 기분이 큼

◆ 비교 특징

〜など

1) 예시・열거

‣ あの店にはメロンやさくらんぼ<u>など</u>の新鮮な果物がある。

‣ その辺にデパートやスーパー<u>など</u>の大きな店が出来ている。

2) 제안・조언

‣ これ<u>など</u>いかがですか。お似合いですよ。

‣ ちょっとしゃれてネイルショップ<u>など</u>いかがですか。

3) 경멸・경시

‣ インターネット<u>など</u>簡単だ。

‣ <u>文法など</u>勉強しなくても日本語は話せるものだ。

4) 겸손

‣ こんな難しい問題が私のようなものに<u>など</u>解けるはずがない
です。

‣ <u>私など</u>とてもとても.......

〜なんか

명사에만 접속되고,「〜など」와 같은 용법을 지니고 있으나 주로
회화체에서만 사용

1) 예시・열거

‣ あの店にはメロンやさくらんぼ<u>なんか</u>の新鮮な果物があるよ。

‣その辺にデパートやスーパーなんかの大きな店が出来ているよ。

2) 제안・조언
‣これなんかどう?似合うと思うよ。
‣ちょっとしゃれてネイルショップなんかどう?

3) 경멸・경시
‣インターネットなんか簡単だ。
‣文法なんか勉強しなくても日本語は話せるものだよ。

4) 겸손
‣こんな難しい問題が私のようなものになんか解けるはずがないよ。
‣私なんかとてもとても.......

～なんて

「～など」와 같은 용법을 지니고 있으며 「～なんか」보다 더 친근한 표현으로 주로 회화체에 사용
1) 제안・조언
‣これなんてどう?似合うと思うよ。
‣ちょっとしゃれてネイルショップなんてどう?

2) 경멸・경시
‣インターネットなんて簡単だ。

▸ <u>文法なんて</u>勉強しなくても日本語は話せるものだよ。

【보충】

▸ <u>私は妹に安い服(x)など/(○)なんか/(x)なんて</u>買ってやろうか。
열거용법이 「~なんて」에 없으며, 「など」는 회화체에서는 부자연스럽다. 그리고 「~なんて」가 명사에 접속되어 쓰일 때는 주로 경멸의 기분을 나타내므로 여기에서는 부적절

▸ 音をたててスープを<u>飲む(x)など/(○)なんて/(x)なんか</u>みっともないからやめてください。
「など」는 회화체에서는 부자연스러우며, 「~なんか」는 오로지 명사에만 접속

※ 격조사와의 접속관계
- 격조사 「が・を」는 생략되든지 혹은 뒤에 옴
- 이 이외의 격조사는 생략되지 않으며 「~など、なんか」의 앞, 뒤 다 접속가능하나, 「~なんて」뒤에는 불가능
▸ 別れた<u>彼となど/となんか/となんて</u>会いたくない。
▸ 別れた<u>彼などと/なんかと/(x)なんてと</u>会いたくない。
▸ <u>子供など</u>に負けるはずがない。(○)
▸ <u>子供なんか</u>に負けるはずがない。(○)
▸ <u>子供なんて</u>に負けるはずがない。(x)

～にあたって /～において /～に際して

◆ **공통점:** ～에 즈음하여, ～에 있어서

◆ **차이점:**

▸開会にあたって一言ご挨拶を申し上げます。

「～にあたって」: 어떤 행위를 하기 전에 그 시점을 나타냄

▸江戸時代においてはキリスト教が禁止されていた。

「～において」: 어떤 행위나 변화가 일어난 때를 가리킴

▸出発に際して人数確認をしましょう。

「～に際して」: 「～にあたって」와 의미용법이 비슷하여, 출발을 앞둔 시점을 나타내고 있으나 딱딱한 어감

◆ **비교 특징**

～にあたって

- 장소는 나타내지 않고 주로 어떤 변화나 행위가 일어나려고 하는 시점을 나타냄
- 예식과 같은 인사말에서의 격식을 차린 표현이며, 한층 격식의 표현으로서 「～にあたりまして」가 있음
- 연체수식에는 「～にあたっての+N」의 형태

▸以下、卒業論文を書くにあたっての注意事項を示す。

▸新年を迎えるにあたりまして、ご挨拶申し上げます。

▸事務の担当は面接にあたっての必要事項を教えてくれた。

～において

- 사항이 성립하는 범위를 한정
- 어떤 행위나 변화가 일어나는 때나 장소, 그리고 상황을 나타내는 것으로, 격조사 「～で」의 의미용법과 비슷하지만 문장체에 사용
- 연체수식에는 「における」「においての」의 형태

▶語学において彼女の右に出る者はない。(상황)

▶その時代において、女性が出世するのは珍しいことであった。(때)

▶国技館において、横綱の引退相撲が開かれる。(장소)

～に際して

- 「～にあたって」와 의미용법이 비슷하며, 문장체로서 딱딱한 표현
- 특정한 장면에서의 그 시점을 나타냄
- 연체수식에는 「～に際する」「～に際しての」의 형태

▶出発するに際して 注意事項をお話ししておきます。

▶アメリカ入国に際して顔写真の撮影が必要となります。

▶受験に際しての留意事項を以下にまとめておきます。

【보충】

▶開会(○)にあたって/(×)において/(○)に際して一言ご挨拶を申し上げます。

　인사말 앞에 사용되며 「～に際して」는 문장체로서 좀 더 딱딱한 표현

▶(×)安全 / (○)安全確保にあたって/に際して重要なことです。

주로 어떤 행위를 나타내며, 일반적인 상태는 나타내기 어려움

▸契約(○)にあたって/(○)に際して、以下の点にご注意ください。

화제를 전제하고 나타내는 용법

▸明治時代(x)にあたって/(○)において[=に]/(x)に際してはまだ
まだ女性の地位は低かった。

시대상황을 나타냄. 이처럼, 시간을 나타내는 경우는 「に」대신
에 사용가능

▸容疑者は大筋において犯行を認めている。

「~おいて」는 판단의 범위를 나타내는 「で」대신으로 사용되는
경우도 있음

▸卒業式が講堂(x)にあたって/(○)において/(x)に際して行われる。

행사가 이루어지는 장소를 나타냄

～に関わらず / ～を問わず

◆ **공통점**: ~와 관계없이
상황의 변화나 다양한 상황에 대해서 사태가 변화지 않고 일정하다는 관계를 나타냄

◆ **차이점**:

▶ 明日の試合は天候に関わらず実施します。

「～に関わらず」: 앞에 명사를 화자가 인위적으로 조절 불가능한 경우에 사용

▶ 年齢を問わず募集します。

「～を問わず」: 화자가 설정하는 조건으로서 연령을 문제로 하지 않는다는 의미로, 앞에 오는 명사가 화자에 의해서 인위적으로 조절 가능한 경우. 즉, 능력이 있는 사람이면 남녀를 불문하고 채용

◆ 비교 특징

～に関わらず

접속하는 명사:

① 「年齢、性別、天候、大きさ」등 복수의 개념을 포함하는 명사
② 公立私立、与党野党」등 반대개념의 말을 포함하는 명사

▶ テニスは年齢にかかわらず楽しめるスポーツだ。

▶ 天候にかかわらず、明日旅行に行きます。

▶ 公立私立にかかわらず大学は改善すべきである。

- 「〜を問わず」와는 달리, 동사나 형용사의 긍정과 부정 혹은 반대어를 배열한 것과도 접속가능
▸ 明日来る来ないにかかわらず、必ず私に電話してください。
▸ 好きか嫌いかにかかわらず、この仕事は必ずしなければならない。
▸ 経験のあるなしにかかわらず、誰でも参加することができます。

▸ 両親は賛成するかしないか(○)にかかわらず/(×)を問わず、僕は君と結婚します。
▸ 量の多い少ない(○)にかかわらず/(×)を問わずリサイクル品を持ってきてください。
「〜に関わらず」동사와 형용사의 긍정과 부정을 배열한 것과 접속 가능

～を問わず

접속하는 명사:
1) 「〜を問わず」의 경우만 해당
　「男女、晴雨、昼夜、(国の)内外」등 반대개념을 포함하는 명사

2) 「〜を問わず」와「〜に関わらず」둘 다 해당
① 「年齢、性別、天候、大きさ」등 복수의 개념을 포함하는 명사
② 「公立私立、与党野党」등 반대개념의 말을 포함하는 명사
▸ 彼女は晴雨を問わず働いている。

▸ 真面目な人なら、年齢を問わず採用する。

▸ 公立私立を問わず大学は改善すべきである。

～かわりに /～にかわって

◆ **공통점:** 대체 의미를 나타냄

◆ **차이점:**

▸ 今日は母のかわりに私が食事の用意をした。(대체)

▸ 今日は母にかわって私が食事の用意をした。(대체)

▸ 人間にかわってロボットが作業をしている。(교체)

「かわりに」: 엄마대신에 내가 식사준비를 했다는 대체의 의미

「にかわって」: 대체의미와, 인간을 대신하여 로봇이 작업을 하고
있다는 교체의미

◆ 비교 특징

～かわりに

「명사+の」나 동사・형용사 등에 접속해서 본래의 사람이나 물건
이 불가능하게 되어 다른 것으로 대체함

▸ ビールのかわりにジュースをください。

▸ 今日は木村先生のかわりに、わたしが日本語を教えます。

▸ 今の子供たちは、テレビを見るかわりに、ユーチューブを
見ているそうだ。

1) 앞에 상태나 존재를 나타내는 동사는 오기 어려움

‣ カウンターにはご主人が<u>いるかわりに</u>、娘が座っている。(?)
‣ 壁には絵が飾って<u>あるかわりに</u>、カレンダーが貼ってある。(?)

2) 대비적 용법

‣ 都会は<u>便利なかわりに</u>、人が混んで落ち着かない。
‣ 貯金は<u>安定しているかわりに</u>、利益が少ないです。

3) 「~をしないで」의 의미 : (動詞の辞書形) + 代わりに

‣ 音楽会に<u>行くかわりに</u> [(×)にかわって]、CDを3枚買うほうがいいと思う。

4) 「~に相当する分だけ」의미 : (動詞、形容詞、名詞の) + 代わりに

‣ この部屋は<u>狭いかわりに</u> [(×)にかわって]、家賃が安い。

~にかわって

명사에 접속해서 대체하는 경우와 원래의 것과 교체해서 다른 사람이 한다는 의미

‣ 怪我人<u>にかわって</u>私が走ります。
‣ 人間<u>にかわって</u>ロボットが作業をしている。
‣ 入院した先生<u>にかわって</u>、今は新しい先生が授業をしている。

【보충】

▸ 木村さん(○)のかわりに/(○)にかわって村山さんが参加することになった。

▸ 陳列棚には輸入品(○)のかわりに/(○)にかわって国産品が陳列された。

대체하는 것이 사람(물건)이고 주어인 경우는 둘 다 사용가능

▸ コーヒー(○)のかわりに/(×)にかわってお茶を入れた。

대체하는 것이 물건이고 주어가 아닌 경우는 「~かわりに」만 가능

▸ 彼のかわりに、この人が新しいリーダーを務めます。(대체)

▸ 彼にかわって、この人が新しいリーダーになります。(교체)

～にしては / ～わりには

◆ **공통점:** 자신이 생각한 결과나 예상과는 달리, 다른 결과가 일
　　　　　어난 경우

◆ **차이점:**

▸ 元歌手<u>にしては</u>歌が下手だ。

「**～にしては**」: 원래 가수라는 전제에서는 일반적으로 노래를 잘 한다
　　　　　　　　고 예상을 했는데, 노래를 못하는 것은 의외라는 의미

▸ 元歌手<u>のわりに</u>歌が下手だ。

「**～わりには**」: 원래 가수는 노래를 잘 할 정도로 능숙한데 잘 하
　　　　　　　　기는 하지만 예상에 비해 노래실력이 서투르다는
　　　　　　　　의미로, 앞의 내용과 뒤의 내용이 불균형임을 객
　　　　　　　　관적으로 나타내는 마이너스 평가

◆ **비교 특징**

～にしては

- 명사나 동사에 접속
- '그것 치고는'이라는 의미로, 앞내용의 전제에서 일반적으로 예
  상된 기준·표준과 비교한다면 뒤에는 당연히 예상되는 것과는
  다른 사항이 옴으로서 의아해하는 경우. 화자의 감정이 짙게 반
  영되는 주관적

▸ 子供<u>にしては</u>難しい漢字もよく読める。

▸ このワンルームは都心<u>にしては</u>家賃がやすい。

▸昨日頑張って勉強をしたにしてはあまりいい点が取れなかった。

● 어디까지나 전제이기 때문에, 현실에 맞는지 안 맞는지 불확실한 경우에도 사용가능

▸先生にしては若すぎるよ。大学生じゃないかな。

▸あの人、残業にしては遅すぎるよ。遊びに行っているのかもね。

- 명사, 동사, 형용사에 접속
- '~에 비해서는'이라는 의미로, 앞내용의 정도에서 일반적으로 예상된 기준・표준과 비교한다면 뒤 내용이 불균형임을 나타내며 주로 객관적이고 회화체

▸彼女は細いわりに丈夫だ。

▸あのお店は値段のわりにはおいしい料理を出す。

▸彼はあの店の料理に文句ばっかり言ってるわりにはよく食べてる。

●「~わりには」앞에는 어떤 정도를 나타내는 표현이 옴. 형용사 이외에 척도나 정도를 나타내는 명사나 정도부사를 동반하는 경우도 있음

▸この食べ物は高いわりにはさほどおいしくない。

▸彼女は年齢のわりに若くみえる。

▸彼女は熱心に仕事しているわりには業績が出ない。

【보충】

‣外国人にしては/のわりには日本語がうまいね。

= 外国人なのに日本語がうまいね。

※「~にしては」는 어떤 사항을 구체적으로 나타내거나 구체적인
  숫자 및 양을 필요로 하는 말이 옴
‣このラーメンは安い値段(○)にしては/(×)のわりには美味しい。
‣このラーメンは値段(○)のわりには/(×)にしてはおいしい。
  「~のわりに」에「安い」라는 정도가 포함되어 있기 때문에「
  安い値段のわりに」는 부적절

‣身長のわりには体重が軽い。
‣高い身長にしては体重が軽い。
‣たくさん勉強したにしては/わりには低い点数だった。
‣はじめてやったわりには/にしてはうまいね。

※ 형용사나 연령과 같은 척도를 나타내는 명사「高さ、広さ、身
  長、成績」등의 경우「~にしては」는 사용 불가
‣この海は綺麗な(○)わりには/(×)にしては人が少ない。
‣これは安い(○)わりには/(×)にしてはおいしいよ。
‣優子ちゃんは年齢(×)にしては体が小さい。
‣優子ちゃんは5才(○)にしては体が小さい。

~について /~に対して /~に関して

◆ **공통점:** 어떤 대상에 대해서 화자가 뭔가를 다루는 것을 의미

◆ **차이점:**

▸ 母は息子<u>について</u>/<u>対して</u>/<u>関して</u>誉めた。

「~について」: 아들이 옆에 있거나 없거나 관계없이 사람들에게
　　　　　　　 아들의 어떤 내용(성격, 성적 등)에 대해서 칭찬
　　　　　　　 하는 것

「~に対して」: 아들이 옆에 있고 그 아들에게 칭찬하는 것

「~に関して」: 아들의 어떤 내용(성격, 성적 등)은 물론이고, 아들
　　　　　　　 과 관련된 친구관계나 학교일 등까지 폭넓고 좀
　　　　　　　 더 주변적인 것까지 칭찬하는 경우

◆ 비교 특징

~について

어떤 대상을 중심으로 그것에만 한정하여 내용을 다루는 것

▸ 事故の原因<u>について</u>究明する。

▸ 今日は日本の歴史<u>について</u>お話します

▸ 日本の電子製品<u>について</u>説明していただけますか。

1) 책이나 논문・에세이・통지 등의 제목이나 주제 등에 사용됨

▸ 駐車違反取締り<u>について</u>のお知らせ。

▸ 説明会のタイトルは学校でのいじめ問題<u>について</u>です。

2) 「話す、語る、述べる、聞く、書く、議論する、説明する、論じる」等의 설명 동사나 「調べる、調査する、探る」와 같은 조사 동사 및 「考える、知っている、熟考する」의 인식・사고동사 등의 언어에 따른 정보를 다루는 동사가 술어로 주로 옴

▶講演会では環境問題について話しましょう。

▶私は図書館で大阪の方言について調べた。

～対して

상대가 같이 있어 행위가 향한 대상을 명확하게 하거나 방향을 확실히 하기 위해서 사용되며, 대상에 어떤 영향을 미침

▶今の意見に対してご質問、ご意見があったらお願いします。

▶優子、おばあちゃんに対してそういう言い方しちゃいけないよ。

▶子供に対して厳しい態度で接する。

1) 주로 뒤에 「答える、反対する、反発する、反抗する、保護する、導入する」등의 동사가 옴

▶私は金さんの今言った意見に対して反対します。

▶水不足に対して節水制限が導入されることになった。

2) 비교와 대조

▶妹が賢いのに対して、姉は少し愚かだ。(비교)

▶台湾製品は、品質に対して価格が安い。(대조)

■「～に対して」가 사용 불가능한 경우

① ヲ격으로 나타내는 대상

▸田中はいやみを言う上司 [(○)を/(×)に対して]殴ってしまった。

▸その学生は先生を[(○)を/(×)に対して]愛していた。

② ニ격으로 나타낸 대상 중 동작이 직접 미치는 대상

▸彼は彼女の長い髪[(○)に/(×)に対して]そっと触れた。

▸お別れに、彼女のほほ[(○)に/(×)に対して]キスをした。

～関して

「～について」와 의미용법은 비슷하나 문장체적인 색채가 강하며,
어떤 대상과 관련된 일들을 폭넓고 좀 더 주변적인 것까지 취급함

▸朝鮮通信使に関しての本を読んでいる。

▸国際協力に関して、韓国は世界から期待されている。

▸政治に関しては興味がありませんが、経済に関しては興味が
あります。

1) 「～について」와 같이, 뒤에 주로 설명의 동사「話す、議論す
る、述べる、説明する、論じる」, 조사동사「調べる、調査す
る、探る」등이 오나「考える」등의 사고활동 동사의 경우는「
～に関して」가 다소 부자연스러움

▸現在、事件の真相に関して/について調査しております。

▸最近、人生(?)に関して/について考えることが多い。

2) 「~について」와 아울러, 주제화된 용법

▸敷金については/に関しては部屋を空けるときに返却する。

▸スマートフォンについては/に関しては後で具体的に話す。

3) 「~に対して」와는 달리, 「~について」와 아울러 ヲ격명사구
   를 취하는 언어정보를 취급하는 동사와 같이 사용 가능

▸鈴木はいやみを言う上司[(○)を/(×)に対して]殴ってしまった。

▸国際問題[(○)を/(○)について/(○)に関して/(×)に対して] 話し
  合った。

【보충】

▸方言(○)について/(○)に関して/(×)に対して調査する。

「~について」: 오로지 방언이라는 내용에만 한정하여 조사한다는 뜻

「~に関して」: 방언을 중심으로 그에 관련된 지방특색과 같은 사
             항들을 폭넓게 조사한다는 뜻

「~に対して」: 방언을 상대로 하여 대치한다고 하는 엉뚱한 뜻이
             되어버리므로 부적절

▸ねえ、あの人(○)について/(×)に関して/(×)に対してどう思う?
  嫌いなの?。

   저 사람에 대해서라는 한정된 생각을 묻는 것이므로「~につい
   て」가 적절

▸警察(○)に対して/(×)について/(×)に関して抵抗してはいけない。

   대상인 경찰에 반대해서 라는 의미

▶その事件に関して担当者から報告があった。

　그 사건에 관련된 여러 가지 보고를 나타냄

▶あの先生は、新入生に対しては優しい。: 대비를 나타내는 용법.

※ 대책이나 대응법을 나타낼 경우는 「に対して」가 자연스러움

▶津波の被害に対して補償を行う。

▶資金不足に対して融資を検討する。

～につれて /～にしたがって

◆ **공통점:** ～에 따라서, 인과관계
◆ **차이점:**

▶経験を積むにつれて/にしたがって更に知恵が身につく。

「～につれて」: 두 사건이 동시에 이동하는 경우로서, 경험을 쌓음
　　　　　　　에 따라서 자연스럽게 지혜도 몸에 붙는다는 의미

「～にしたがって」: 어떤 사건이 다른 사건의 뒤를 따라서 이동
　　　　　　　하는 경우로서, 경험을 쌓음에 따라서 필연
　　　　　　　적으로 지혜도 몸에 붙는다는 의미

◆ 비교 특징

～につれて

- 전건(前件)이 전개됨에 따라서 자연스럽게 후건(後件)도 이어서 전개됨을 나타냄
- 원인이 되는 전건이 중시되고 후건은 화자의 의향을 나타내는 문과는 공기하기 어려움

▶ 年をとるにつれて、髪の色が白くなるのは普通だ。

▶ 仕事が忙しくなるのにつれて、彼女と会える日が少なくなってきた。

▶ 大学入試の日が近づくにつれて、自分が緊張をしてきているのがわかる。

～にしたがって

전건(前件)이 전개됨으로 인하여 필연적으로 후건(後件)도 전개됨을 나타내는 것으로, 후건인 결과를 중시

▶ 日が暮れるにしたがって、寒くなってきた。

▶ 祖父は年を取るにしたがって、ますます頑固になってきた。

▶ 留学生活が長くなるにしたがって、この国のルールに慣れてきた。

【보충】

▶ 時が経つにつれて、愛が深くなる。

▶ 時代の変化にしたがって、言葉も変わる。

: 두 형식 모두 인과관계가 있다는 점은 공통되지만,「~につれて」는 전건(**前件**)인 원인중심이고「~にしたがって」는 후건(**後件**)인 결과중심

▸ **交通規則**(?)**につれて** / (○)**にしたがって車を運転してください。**

▸ **通勤客が増える**(?)**につれて** / (○)**にしたがって、今後、バスの本数を増やしていこうと思っている。**

:「~につれて」뒤에는 화자의 의향을 나타내는 문은 오기 힘듦

※ 전건(**前件**)의 변화에 대해서,「~につれて」는「변화하고 있는 과정」에,「~にしたがって」는「변화한 결과」에 초점

① **季節が変化する**(**季節の変化**)**につれて、着るものが変わる。**

② **季節が変化する**(**季節の変化**)**にしたがって、着るものが変わる。**

「~につれて」:「**季節が変化する**」를 봄부터 겨울까지 연속적으로 시간이 경과하는 과정의 상태를 나타냄

「~にしたがって」: 「(**春から**)**夏になった**」혹은 「(**秋から**)**冬になった**」등과 같이 최후의 결과에 주목함

【참고문헌】

김동완(2010) 『일본어 의미구별사전』 UUP(울산대학교출판부)

廖紋淑(2006) 「終了を表す複合動詞について」、『第8 回日本語教育学講
座定例研究会』、pp.1-4.

吳シ娟(2006) 「複合辞「~につれて」「~にしたがって」について」『第
6回日本語教育学講座定例研究会』、pp.1-4.

庵 功雄外(2002) 『日本語文法ハンドブック(初級)』 スリーエーネット
ワーク

_____(2002) 『日本語文法ハンドブック(中上級)』 スリーエーネット
ワーク

市川保子(2007) 『日本語文法と教え方のポイント(初級)』 スリーエー
ネットワーク

_____(2007) 『日本語文法と教え方のポイント(中級)』 スリーエー
ネットワーク

小野里 恵外(2008) 「日本語のテンス・アスペクト表現における韓国人
日本語学習者の誤用分析」『日語日文學』第40輯、pp.91-107.

小泉保ら 編(1989) 『日本語基本動詞用法辞典』大修館書店

砂川有里子外(1998) 『日本語文型辞典』くろしお出版

田 忠魁外(1998) 『類義語使い分け辞典—電子辞典』研究社

田中倫子(2003) 「類義複合動詞の用法一考——日本語教育の視点から——」『
愛知大学 言語と文化』No.10、pp.63-79.

田中美和子(2002) 「時間的接続表現「うちに」の意味特徴」『関西外国語
大学研究論集』第75号、pp.155-168.

永野 賢(1952) 「『から』と『ので』はどう違うか」、『國語と國文学』29、
pp.230-41.

前田直子(2001) 「「~したところだ」と「~したばかりだ」」『東京大学留

学生センター紀要』第11号、東京大学、pp.29-44.

三浦 佑子(2009)「評価を表す接続助詞「だけあって」と「ばかりに」」、『言語科学論集』第13号、pp.111-121.

森田良行(1988)『日本語の類意表現』創拓社

_____(2006)『日本語の類義表現辞典』東京堂出版

_____(2011)『기초일본어사전』인문사

山本もと子(2001)「接続助詞「から」と「ので」の違い」ー「丁寧さ」による分析」ー、『信州大学留学生センター紀要』、第2号、pp.9-21.

http://www.kotonoha.gr.jp/shonagon/

http://chunagon.ninjal.ac.jp/

https://www.yahoo.co.jp/

http://yourei.jp/?hl=ja

찾아보기

손동주

부경대학교 일어일문학부 교수
부경대학교 인문사회과학연구소 소장
동북아시아문화학회 회장
(사)부산한일문화교류협회 이사장
부경대학교 인문사회과학대학 학장역임
대한일어일문학회 회장역임
(일)동북대학 대학원 문학박사

공미희

부경대학교 HK연구교수
부경대학교 대학원 문학박사

박미영

부경대학교 일어일문학부 외래교수
부경대학교 대학원 문학박사

일본어 유의표현 연구

초판인쇄 2018년 3월 15일
초판발행 2018년 3월 15일

지은이 손동주·공미희·박미영
펴낸이 채종준
펴낸곳 한국학술정보㈜
주소 경기도 파주시 회동길 230(문발동)
전화 031) 908-3181(대표)
팩스 031) 908-3189
홈페이지 http://ebook.kstudy.com
전자우편 출판사업부 publish@kstudy.com
등록 제일산-115호(2000. 6. 19)

ISBN 978-89-268-8370-9 93730